Josh McDowell und Paul Lewis

FÜNF, SEX, SIEBEN ...
... WIE KÖNNEN WIR UNS LIEBEN?

Josh McDowell und Paul Lewis

Fünf, Sex, Sieben ...
... wie können wir uns lieben?

LEUCHTER
EDITION

Leuchter Edition GmbH · Erzhausen

Titel der Originalausgabe: Givers, Takers & other Kinds of Lovers
Übersetzung: Reimer Dietze, Erzhausen
Umschlaggestaltung: Peter Karliczek, Schorndorf

1. Auflage März 2000

ISBN 3-87482-506-X

Gesamtherstellung:
Schönbach-Druck GmbH, 64390 Erzhausen

Inhalt

Wie kommt es,
daß wir inmitten unserer unbeschränkten
Freiheit sexuellen Erlebens
immer noch so unzufrieden und unerfüllt
sind wie eh und je?
Wieso kommen bei etwas so Natürlichem
und Schönem wie Sex solch armselige
Beziehungen heraus?

Was machen wir verkehrt?

Die Verfasser:

Josh McDowell hat allein im letzten Jahr
an Hochschulen zu mehr als
einer halben Million Menschen gesprochen
und ist damit der beliebteste
Campusredner weit und breit.
Er hat etliche Bestseller geschrieben,
die zum guten Teil auch in
deutscher Sprache vorliegen.

Paul Lewis ist ein begabter Schriftsteller,
Graphiker und Kommunikationsberater.
Außerdem gibt er in Amerika die Zeitschrift
Dads Only heraus,
die allmonatlich Tips und kreative Ideen
für erfolgreiche Väter publiziert.

Für Jim und Vivian Simpson,
die sich seit 38 Jahren miteinander am
Geheimnis der Liebe erfreuen.

1

Welche Art von Liebe suchst Du?

Liebe: tiefgehend, lebendig, anhaltend und befriedigend ... Das suchst Du, und das suche ich. Ohne sie ist unser Leben bestenfalls unvollständig - und schlimmstenfalls wertlos. In jedem unserer Herzen pulsiert das Verlangen, stark und ohne Ende zu lieben und geliebt zu werden.

Schon vor langer Zeit hat ein jüdischer Apostel genau die Liebe beschrieben, nach der wir uns sehnen. Bei ihm klingt das so:

Die Liebe ist geduldig und gütig.
Die Liebe eifert nicht für den
eigenen Standpunkt.
Sie prahlt nicht und spielt sich nicht auf.
Die Liebe nimmt sich keine Freiheiten heraus,
sie sucht nicht den eigenen Vorteil.

Sie läßt sich nicht zum Zorn reizen
und trägt das Böse nicht nach.
Sie ist nicht schdenfroh,
wenn anderen Unrecht geschieht,
sondern freut sich mit,
wenn jemand das Rechte tut.
Die Liebe gibt nie jemand auf, in jeder
Lage vertraut und hofft sie für andere;
alles erträgt sie mit großer Geduld.
Niemals wird die Liebe vergehen.
1. Korinther 13,4-8a (Gute Nachricht 1997)

Seitdem sind zweitausend Jahre vergangen, in denen Menschen geliebt haben, aber niemand hat je bessere Worte für die Liebe gefunden. Nach wie vor bringen's diese Sätze auf den Punkt: Das ist die Art Liebe, die wir wollen.

Die Jagd nach Liebe hat mehr Leid und Schmerzen verursacht als alle Katastrophen und Kriege der Menschheitsgeschichte. Wir vergessen alle Grenzen, wenn es darum geht, wirkliche Liebe auszudrücken – und selbst zu fühlen. Unmöglich, ohne sie zu leben!

Doch unglücklicherweise scheint es so, als könnten wir *mit* der Liebe ebensowenig leben. Jedenfalls nicht mit der Art von Liebe, die wir bis jetzt entdeckt haben. Die allgemeine Auffassung ist, daß Liebe in Sex „verpackt" sein muß. Logo, scheint doch Sex die perfekte Zutat zu sein, die Tür zu echter, zufrieden machender Liebe. Was paßt besser zusammen als Liebe und Sex? Beide erwecken sie alle Leidenschaften zum Leben, die tief in uns schlummern.

Sex - das Geheimnis?

Es gibt alle möglichen Arten, Liebe zu praktizieren. Warum auch nicht? Für manche ist Liebe ein passioniertes, herausforderndes Strategiespiel, in das sie sich vergraben, um ja alle Regeln zu kapieren. Einige bringen es tatsächlich zu perfekter Spielbeherrschung, während andere noch immer das Startfeld suchen. Und was ist mit Dir? Wahrscheinlich stehst Du irgendwo dazwischen.

Vor Jahren begegnete ich Paul Lewis zum erstenmal. Zufällig hatten wir uns parallel mit Zwillingsschwestern verabredet. Seitdem sind wir gute Freunde. Aber als wir uns damals über den Weg liefen, geschah noch etwas anderes: Alle beide fingen wir an zu erkennen und zu begreifen, was echte Liebe bedeutet. Die zwei Schwestern und ihre Eltern lebten uns eine Liebe vor, um die sie jeder beneidet hätte. Darum ist dieses Buch Vater und Mutter Simpson gewidmet.

Paul heiratete bald Leslie, eine der beiden Schwestern. In elf Ehejahren hat sich ihr Verständnis von echter Liebe, wie man sie pflegt und erhält, ungemein vertieft. Genau deshalb habe ich Paul gebeten, dieses Buch mit mir zusammen zu schreiben.

Später wurde Dottie, meine beste Freundin und mein Schatz, meine Frau, und auch wir beide erfreuen uns seit neun Jahren einer ebenso kreativen und wunderschönen gemeinsamen Liebe.

Aus gutem Grund trägt dieses Buch den Titel *Geber, Nehmer und andere Liebende,* versuchen die Menschen doch auf vielerlei Weise, Liebe zu entdecken, die tief und lebendig ist und immer weiter wächst. Viele Stimmen wollen uns einreden, das Geheimnis bestehe darin, sich von den puritanischen Beengungen der Vergangenheit zu befreien. Okay - aber nun ist es ja doch so, daß wir alle miteinander diese Einschränkungen schon eine ganze Weile hinter uns gelassen haben, so lange, daß selbst die Erinnerung an diese Zeiten der Unterdrückung zu verblassen beginnt.

Nichtsdestotrotz bekomme ich Briefe von überallher, Briefe von jungen Leuten wie auch von Verheirateten, die ausdrücken, daß sie die Dynamik der Liebe nach wie vor nicht gefunden haben. Immer noch brennt das Feuer der Sehnsucht - vielleicht auch in Dir.

Und da stellt sich doch wohl die Frage nach dem Warum: Wie kommt es, daß wir inmitten der unbeschränkten Freiheit sexuellen Erlebens, derer wir uns jetzt schon so lange erfreuen, immer noch so unzufrieden und unerfüllt sind wie eh und je? Wieso kommen bei etwas so Natürlichem und Schönem wie Sex solch armselige Beziehungen heraus?

Wo liegt der Fehler? Ist Sex denn nicht das Geheimnis der Liebe?

2

Was in aller Welt ist mit der sexuellen Freiheit passiert?

Vor zwei Jahren erschien in der Zeitschrift *Time* ein Cartoon als Illustration zu einem großen Artikel über „neue Moral". Das Bild zeigte zwei junge Frauen, wie sie ins Gespräch vertieft durch einen Park spazierten. Die eine sagte zur anderen: „Um ganz ehrlich zu sein, am liebsten wär ich geboren worden, bevor der Sex erfunden wurde."

Ein steiler Spruch, sicher - aber kennen wir nicht alle flüchtige Momente, in denen wir so denken? Von allen Seiten werden wir mit Informationen zum Thema Sex bombardiert: Bilder und Worte - einige zurückhaltend, andere dafür schrankenlos offen - von morgens bis abends. Geh ans Zeitschriftenregal im Supermarkt und greife Dir wahllos eine Publikumszeitschrift heraus: von *hörzu* bis *stern*, von *Gala* bis *marie claire* - einen Artikel über Sex findest Du immer. Schreibt das eine Blatt über den „Spaß am freien Sex“, so beschäftigt sich das nächste mit den „Problemen der sexuellen Freiheit“. Im dritten befaßt sich eine klinische Psychologin mit der „sexuellen Vereinsamung des deutschen Mannes“. Wenn Dich das nicht antörnt - macht nichts: Mit Sicherheit äußert sich in der nächsten Nummer ein klinischer Psychologe über „weibliches Selbstbewußtsein und Sex-Appeal“. Ob „Wie wichtig ist Sex für die Ehe?“ noch einen hinterm Ofen hervorlockt? Dann doch vielleicht eher „Mehr Fun beim Sex“! Single, verheiratet, jung oder alt - Sex ist unser Thema!

Von Werbung und Fernsehen ganz zu schweigen. Mehr denn je füllt Sexualität in allen Spielarten unsere Bildschirme - Perversionen aller Art schon in den Hausfrauen-Talkshows am Vormittag! Sex über alles, Sex als Inbegriff zeitgemäßer Lebensqualität.

Autoren und Leser, Produzenten und Zuschauer - alle drehen sich um freien Sex, sexuelle Erfüllung, Spaß am Sex, Sexualängste und sexuelle Spielarten. Die Sexpäpste Masters und Johnson haben eine ganze Forschungsinstitution ins Leben gerufen, die sich mit nichts anderem als Sexualität beschäftigt, während andere Publizisten, die sich weniger wissenschaftlicher Methoden bedienen, den Markt mit Büchern und Videos überschwemmen, in denen man sich über die angesagtesten „Liebes“-Techniken und „Stellungen“ informieren kann.

Aber nicht nur im Bereich der Medien ist Sex das beherrschende Thema. Wo immer Menschen zusammenkommen, reden sie über Sex: zu Hause, in Studentenwohnheimen, Hotelzimmern und im Auto auf dem Weg zur Arbeit. Und mag das Thema noch so breitgetreten werden: das, was wir wirklich zu sagen wissen, ist allzuoft wischi-waschi und unsicher.

Sexuelle Aktivität als einziger Maßstab?

Mehr als jemals zuvor ist es in den letzten zwanzig Jahren „normal" geworden, unverheiratet zusammenzuleben. Noch nie haben so viele Menschen sexuelle Kontakte außerhalb der Ehe unterhalten, und das Durchschnittsalter Jugendlicher beim „ersten Mal" wird immer niedriger. Was noch vor dreißig Jahren ein scheuer Gute-Nacht-Kuß war, ist heute in der Regel ein Abend ohne alle Tabus. All das Gerede, die schrankenlose Freiheit und Experimentierfreudigkeit bringen junge Leute unter Druck, „es" doch endlich auch zu tun.

Einige haben die neue sexuelle Offenheit der letzten Jahrzehnte tatsächlich als Befreiung erlebt. Andere jedoch hat sie buchstäblich zerstört.

Eine der „Befreiten" ist Catherine Breslin, die Verfasserin von *The Mistress Condition: New Options in Sex, Love and Other Female Pleasures,* einem Buch über sexuelle Freiheit für Frauen. „Sex", schreibt sie, „gehört für uns unbedingt zum Spiel: ausgelassener, befriedigender, ausbeutungsfreier Sex - ein Spiel für Erwachsene, aber eben ein durch und durch lustvolles *Spiel.*" Die „neue Frau", fährt sie fort, sieht das Leben im allgemeinen und den Sex im besonderen mit anderen Augen als ihre älteren Geschlechtsgenossinnen. Die Ehe sei für diese neue Frauengeneration „eine sonderbare, schwierige, ja lästige Einrichtung". Unmöglich kann ein einziger Mann alle „ihre" Bedürfnisse befriedigen. Mit Breslins Worten: „Eine selbstbestimmt lebende Frau mag genußvolle Beziehungen zu acht bis zehn Männern unterhalten: Mit einem joggt sie durch den Park, mit einem geht sie in die Oper, einen hat sie zum Skifahren und einen anderen zum gemeinsamen Gourmet-Kochen. Zwei oder drei für guten Sex, von denen ihr jeder eine andere, ganz eigene sinnliche Erfahrung vermittelt. Ja, und dann noch zwei, drei echte, gute Freunde, Männer, denen sie alles anvertrauen und bei denen sie sich hemmungslos ausweinen kann, wenn die Zeiten hart werden."

Wie glücklich ist die sexuell befreite Frau?

Was ist von einer solchen Perspektive zu halten? Führt sie zu Glück und Erfüllung? Bringt Sex als vergnügliches Spiel ein gesundes Selbstwertgefühl hervor? Können Beziehungen zu vielen verschiedenen Männern die reale Einsamkeit vertreiben oder eine dauerhafte, erprobte Beziehung ersetzen?

Schauen wir in die Forschung, so lautet die Antwort nein. Mit den Worten des Mediziners Theodore I. Rubin: „Frauen lassen sich oft aus anderen als sexuellen Gründen auf sexuelle Handlungen ein. Eine Frau geht mit einem Mann aus und teilt nachher mit ihm das Bett – nicht, weil sie das möchte, sondern weil sie empfindet, daß der Mann es von ihr erwartet und sie nicht wieder anrufen würde, wenn sie es nicht täte. Sexuelle Gemeinschaft, die eine Frau aus solchen Gründen eingeht, kann sie sehr unglücklich machen. Oft sind Ängste, Schuldkomplexe und das Gefühl, benutzt worden zu sein, die Folge. Praktizieren Menschen freiweg Sex, ohne wirklich dazu bereit zu sein und bevor sie genügend Selbsteinschätzung besitzen, um zu unterscheiden, ob sie wirklich mit einem bestimmten Partner Sex haben wollen oder es nur tun, weil alle anderen sagen, es sei richtig, so kann daraus Selbstverachtung, ja Selbsthaß erwachsen."

Sind Zorn, Schuldgefühle und das Empfinden, benutzt worden zu sein, verbunden mit Haß auf sich selbst, Nebeneffekte der sexuellen Befreiung? Rubin ist nicht der einzige, der eine warnende Stimme erhebt. Auch die klinische Psychologin Lonnie Garfield Barbach, Verfasserin des Frauen-Sexbuches *For Yourself*, gesteht ein, daß junge Frauen dem größten Druck ausgesetzt sind: Viele von Barbachs Patientinnen meinen, sie müßten „frei, offen, sinnlich, ohne sexuelle Hemmungen und zu multiplen Orgasmen fähig sein", und sobald sie diesen Erwartungen nicht genügen können, „gehen sie unglaublich hart mit sich selbst ins Gericht". Barbach schreibt: „Diese Frauen in den Zwanzigern sind hin und her gerissen zwischen den mehr oder weniger konservativen Einflüsterungen ihrer Eltern und der Philosophie der sexuellen Revolution."

Männer in der Sexfalle

Freilich leiden nicht bloß die Frauen. Dr. Karen Shanor, eine klinische Psychologin, die die Ergebnisse ihrer zweijährigen Forschungen über männliche Sexualität in einer großangelegten Studie veröffentlichte, sagt: „Gleich der amerikanischen Frau ist auch der amerikanische Mann gegenwärtig dabei, sein traditionelles Rollenbild zu hinterfragen [nämlich, daß er als Eroberer der Frauen zu fungieren habe], und findet heraus, daß dieses Rollenklischee seine menschlichen Entfaltungsmöglichkeiten aufs empfindlichste einschränkt." Mehr als die Hälfte der von Sharon befragten Männer „gaben zu, daß sie, weit davon entfernt, ihren Spaß zu haben, mit ihrem Sexleben unzufrieden waren. Wieso? Die Gründe waren vielfältig, aber zusammengefaßt läßt sich sagen, daß sich amerikanische Männer allzuoft im Niemandsland zwischen dem Mythos, den heute niemand mehr glaubt (wenn ihn denn je einer geglaubt hat), und dem noch nicht erfüllten Traum wiederfinden - dem Traum einer liebevollen Intimität, wie sie kein *one night stand* hervorbringen kann. In gewissem Sinne haben sich die Männer auf den Weg von einem schlechten Ort an einen besseren gemacht, aber sie sind nicht ans Ziel gelangt, und je länger, je mehr wird ihnen bewußt, wie einsam ihre Straße ist".

Der populäre Psychologe Dr. Joyce Brothers kommentierte diese sexuelle Pilgerreise im Zusammenhang des *Time*-Features über „neue Moral": „Keineswegs nehmen wir das Leben so locker, wie wir immer meinen. Schnell haben die Leute herausgefunden, daß Instant-Sex in etwa so befriedigend ist wie ein Schneuzen. Mit vielen Leuten Sex zu haben, erfordert eine Menge Zeit und Aufwand, und sie haben gemerkt, daß es die Mühe absolut nicht lohnt." Barbara Seaman, Autorin des Buches *Free and Female,* hat dieselbe Beobachtung gemacht: „Das Pendel schlägt heute gegen Sex als beiläufiges Freizeitvergnügen aus, weil eine Menge Leute Verletzungen davongetragen hat. Es war, als säßen wir in einem Zug, der uns gemächlich von viktorianischen Moralvorstellungen wegbrachte, dann aber, in den sechziger und siebziger Jahren, plötzlich außer Kontrolle geriet und bei dessen wilder Fahrt sich viele Fahrgäste wehtaten. Jetzt fängt man an, die Bremsen zu reparieren."

Das schale Gefühl danach

Eine von denen, die entgleiste, wenn auch - ihrer Selbstdiagnose gemäß - ohne schlimmere Verletzungen davonzutragen, war Gretchen Kurz, eine Studentin an der kalifornischen Staatsuniversität in San Jose. In der 1977er Augustnummer der Zeitschrift *Mademoiselle* äußerte Gretchen sich sehr freimütig. Nach ihren Worten trat sie ihr Studium mit der Bereitschaft an, sich voll ins „dekadente Leben“ zu stürzen: „Da war ich nun, wohlausgestattet mit mittelhartem Bleistift, Studentenausweis und reichlich Vorrat an Antibabypillen. Aber irgendwie hab ich das Schiff verpaßt, das auf die Kreuzfahrt ins Reich des unbeschwerten Sex ohne Schuldgefühle ging. In Wirklichkeit, so glaube ich inzwischen, ist alles ein einziger Mythos, weitergetragen von einem Haufen frustrierter Studenten, die Angst haben, die Wahrheit einzugestehen. Aber wie sollte man denn auch zugeben können, daß das alles Mist ist, nachdem man es erst gar nicht abwarten konnte, von zu Hause wegzukommen und sich über alle Regeln hinwegzusetzen?“

Gretchen hatte nie einen Zweifel, daß sie eine sexuelle Beziehung aufnehmen würde, sobald sie erst einmal an der Universität wäre. „Aber“, sagt sie, „‚Beziehung‘ war nun wahrlich nicht der richtige Ausdruck. Nach meiner ersten Bettgeschichte mit irgendeinem Mister Abwechslung-ist-die-Würze-des-Lebens fand ich mich aus einer Reihe von Gründen total aufgelöst wieder. *Soll ich jetzt gleich gehen oder die ganze Nacht bei ihm bleiben? Aber was sag' ich am Morgen? Ob es okay ist, sich seinen Bademantel auszuleihen? Ob ich gut war? Er war's jedenfalls nicht. Heißt das nun, daß wir irgendwas Festes miteinan-*

der angefangen haben?" Letzteres war nicht der Fall, wie sie bald herausfand. „Es wäre gelogen zu sagen, daß mich Schuldgefühle überwältigten, aber die Erfahrung stimmte mich auch alles andere als euphorisch. Der positivste Ausdruck, mit dem ich die Begegnung beschreiben könnte, wäre ‚nüchtern'. Gefühle waren ausgeblendet, das heißt, vielleicht wurde jeder Anflug von Emotion flink als avantgardistische Nonchalance bemäntelt. Bald sollte ich entdecken, daß dieser coole, distanzierte Umgangston bei dergleichen Kontakten üblich war. Diese Abwesenheit von Emotionalität verblüffte mich nicht bloß, sondern machte mich wütend. Ich wollte ihr auf den Grund gehen, wollte herausfinden, warum sie zum unerläßlichen Ambiente der sexuellen Befreiung meiner Kommilitonen gehörte. Denn es war ja offensichtlich, daß diese Art und Weise, miteinander umzugehen, die allseits etablierte Basis eines aktiven Sexlebens darstellte."

Verstört fing Gretchen an, die vielen Männer in ihrem Leben zu fragen, woher diese distanzierte Gefühllosigkeit kam. Wie sahen sie Sex? Die Antworten ähnelten sich: Sex sei „einfach Spaß haben", „eine natürliche Reaktion", „die Übereinkunft zweier Erwachsener, 'ne nette Zeit miteinander zu verbringen". „Wörter wie Liebe, Gemeinschaft oder Glück kamen in diesen Gesprächen nie vor."

Gretchen entschloß sich, zu ihrem „zölibatären, dafür aber glücklichen Lebensstil" zurückzukehren. Einige Zeit darauf unterhielt sie sich mit einem engen Freund, der ihr anvertraute, daß er mit den freizügigen sexuellen Gewohnheiten unter den Studenten seine Mühe habe. Das, was er fühle, sagte er, dächten auch die meisten seiner männlichen Kommilitonen: „Meistens hätte ich mir, wenn ich mich mit irgend jemandem im Bett wiederfand, gewünscht, daß es nie so weit gekommen wäre. Doch sobald es einmal soweit war, daß ich wußte, es würde wieder mit einer gemeinsamen Nacht enden, gab's kein Halten mehr. Dann ließ ich den Film einfach ablaufen. Manchmal wollte ich nichts anderes, als die ganze Sache möglichst rasch hinter mich zu bringen. Irgendwann hab ich dann mit der Herumschlaferei Schluß gemacht: Ich entdeckte, daß Sex keinen Wert hat, solange er nicht in echtes, liebevolles Vertrauen eingebettet ist. Ohne Liebe kannst du den ganzen Zinnober vergessen!"

An den Schluß ihres Artikels stellte Gretchen die folgenden Worte: „Nachdem soviel Aufstand um die sexuelle Freiheit gemacht wird, ist es gar nicht so einfach, sich hinzustellen und zuzugeben, daß sie nicht das ist, was alle Welt sich darunter vorstellt, schon gar nicht einer gierigen Welt gegenüber, die sich von dem Thema einfach nicht lösen will. So kommt es, daß wir mit verkniffenen Mündern dasitzen und zu verlegen sind zu sagen, daß wir's ausprobiert und nichts davon gehabt haben. Das können wir nicht zugeben – der Welt gegenüber nicht und auch nicht, schlimmer noch, vor uns selbst. Doch vielleicht könnten wir alle damit anfangen, ehrlich zu werden, indem wir sagen: ‚Ohne Liebe und Vertrauen kannst du den ganzen Zinnober vergessen!'"

Wie soll's nun weitergehen?

Ist das nicht interessant? Mitten in allem Beschwören und Ausleben sexueller Freiheit, Befreiung und Erfüllung, inmitten der sexuellen Revolution, begegnen uns immer wieder, und sei es beiläufig, Sprüche wie der von dem Zug, der entgleist ist, von dem Schneuzen, dessen Lustgewinn dem einer flüchtigen sexuellen Begegnung gleiche, oder davon, dem Ganzen habe soviel Gefühl innegewohnt „wie einem Bleistift, Stärke HB". Ist das wirklich Sex - jene herrliche, orgiastische Gefühlserfahrung, von der die Massen schwärmen? Irgendwo ist was verkehrt gelaufen. Ob Sex nicht doch mehr auf sich haben kann als eine neckische Spielerei, ein Vergnügen unter Erwachsenen, eine Abfolge von Bettgenossen oder *one night stands* und verdorbene Ehebeziehungen?

Vielleicht sind Liebe und Vertrauen ja tatsächlich wichtig - aber auf welcher Grundlage? Wo genau gehört Sex in unserem Leben hin? Vielleicht ist Sex gar nicht das Geheimnis der Liebe.

Zum Glück gibt es eine Antwort, und zwar eine, die ebenso vollständig und realistisch ist wie positiv und beglückend. Es wird Zeit, nach der Quelle zu forschen.

3

Wer hat den Sex erfunden?

Schon seit geraumer Zeit gibt es Vorschriften, die fordern, daß auf sämtlichen Arzneimittelverpackungen minutiös aufgelistet wird, welche Inhaltsstoffe in dem jeweiligen Präparat verarbeitet sind. Wäre es nicht toll, wenn es auch für Sex eine solche Vorschrift gäbe, eine Art Bedienungsanleitung, aus der wir ersehen könnten, wie Sex funktioniert und auf welche Weise wir am meisten davon haben?

Die gute Nachricht ist: es gibt ein solches Handbuch. Es ist freilich nicht unter den massenweise auf den Markt geworfenen Ratgebern für sexuelle Techniken zu finden, unter denen sich die Regale der Buchhandlungen biegen. Die erschöpfendste Information über Sex und Liebe, die jemals gedruckt worden ist, geht in ihren Anfängen auf einen Menschen namens Mose zurück, der vor 3500 Jahren lebte. Er schrieb auf Anweisung des „Herstellers“ und gab uns verbindlich Auskunft über Ursprung und Funktionsweise unserer Sexualität. Sein Buch trägt den Titel *Genesis*.

In den ersten zwei Kapiteln erzählt Mose, wie die Schöpfung der Welt vor sich ging. Auf dem Höhepunkt dieses Schöpfungsprozesses, so schreibt er, schuf Gott „den Menschen nach seinem Bild, nach dem Bild Gottes schuf er ihn; als Mann und Frau schuf er sie“. Da haben wir es schon: Von Anfang an ist Geschlechtlichkeit ein grundlegender Bestandteil des Menschseins gewesen, etwas, was Gott der Schöpfer sich eigens für den Menschen ausgedacht hat. Man kann kein Mensch sein, ohne männlich oder weiblich zu sein.

Ein wenig weiter, in Kapitel 2, erfahren wir, wie einzigartig Mann und Frau aufeinander abgestimmt waren. Nachdem er all seine anderen Schöpfungsakte als „gut“ bezeichnet hatte, sagte Gott, es sei „nicht gut“, wenn der Mensch allein sei. Und das nimmt durchaus wunder, denn wenn jemals ein Mensch in einer perfekten Umgebung lebte, dann der erste Mann: Er war der ultimative Ausfluß der Kreativität Gottes, lebte in Gottes vollkommenem Klima, ging in der Kühle des Abends mit Gott persönlich spazieren, ausgestattet mit genügend eigener Kreativität, um für alle Tiere, die Gott geschaffen hatte, Namen zu erdenken. Und doch fehlte ihm etwas. Dieser Mann war allein. Er hatte den jedem Menschen von Anfang an eingepflanzten Wunsch, mit jemand anderem zu verschmelzen. Und mochte alles um ihn herum so perfekt sein, wie es nur wollte – nichts konnte diesen Wunsch dämpfen.

Die vollkommene Ergänzung

Also berichtet uns Mose, daß Gott Adam in Tiefschlaf fallen ließ und aus einer seiner Rippen eine Frau formte. Das war nun für Adam alles andere als eine Nebensächlichkeit. Im 23. Vers wacht Adam auf, sieht die Frau und sagt: „Diese endlich ist Gebein von meinem Gebein und Fleisch von meinem Fleisch." Würde man diesen alten hebräischen Satz ein wenig zeitgemäßer wiedergeben, so könnte er in etwa lauten: „Wow! Wo bist du bloß die ganze Zeit gewesen!?"

Gott hat Mann und Frau so entworfen, daß sie ohne einander unvollständig sind. Deshalb sagte Mose: „Darum wird ein Mann seinen Vater und seine Mutter verlassen und seiner Frau anhangen, *und sie werden zu einem Fleisch werden.*" Suchst Du nach dem Geheimnis des Sex, so vergiß nie diesen Satz! Sexuelle Gemeinschaft ist eine der wichtigsten Weisen, auf die Mann und Frau „ein Fleisch" werden.

Was aber macht die Frau so einzigartig, daß der Mann ohne sie nicht auskommen kann? Das Wort, das Mose benutzte, enthält zwei Aspekte: den der „Hilfe" oder „Helferin" und den des Zusammenpassens. Die Idee ist, daß die Frau das absolut perfekte Gegenstück des Mannes ist, die Gefährtin, dazu vorgesehen, ihn zur Ganzheit zu machen, während er die gleiche Position in ihrem Leben einnimmt. Diese beiden sich ineinanderfügenden Gegenstücke wurden geschaffen, damit die Sehnsüchte jedes einzelnen so befriedigt werden, daß Mann und Frau, wenn sie sich miteinander vereinigen, fähig sind, die tiefsten psychischen und emotionalen Bedürfnisse des Partners zu befriedigen und damit einander in den Stand zu setzen, volles Menschsein gemäß Gottes ursprünglichem Plan auszuleben.

Ein Prüfstein für wahre Liebe

Wenn Du Dir nicht sicher bist, ob der- oder diejenige, mit dem oder der Du gerade gehst oder eine Liebesbeziehung unterhältst, das richtige Gegenstück für Dich ist, dann frage Dich: „Verspüre ich den Wunsch und die Fähigkeit, auf seine oder ihre tatsächlichen Bedürfnisse einzugehen? Traue ich diesem Menschen mehr zu, als meinen sexuellen Trieb zu befriedigen, meine Kinder aufzuziehen oder die Lohntüte nach Hause zu bringen? Sieht es danach aus, daß wir in einzigartiger Weise dazu bestimmt sind, einander zu ergänzen?" Wenn Du Dich mit jemandem triffst, dann sollte Deine Hoffnung nicht nur sein, einem Menschen zu begegnen, *mit* dem Du leben kannst. Letzten Endes solltest Du nach demjenigen suchen, *ohne* den Du *nicht* leben kannst.

Im ersten Kapitel dieses Buches habe ich erzählt, daß Paul Lewis und ich uns zum erstenmal über den Weg liefen, weil wir uns unabhängig voneinander mit Zwillingsschwestern verabredet hatten. Ich hatte mich mehr als zwei Jahre lang mit Paula getroffen, während ich noch die gymnasiale Oberstufe besuchte. Unsere Beziehung wuchs, und wir wurden die allerbesten Freunde. Wir waren so gerne zusammen, daß es unvermeidlich war, daß wir uns schließlich ineinander verliebten. Paula ermutigte mich ungemein: Sie half mir beim Lernen und in meinem geistlichen Dienst, teilte meine Träume so wie ich ihre. Sie hatte einen wunderbaren Humor, sie war attraktiv – sie hatte alles, was ich mir jemals von einer Ehefrau gewünscht hatte. Doch als unsere Beziehung immer tiefer wurde und wir begannen, von Heirat zu reden, machten sich bei uns beiden Zweifel breit. Der vollkommene Friede, den Gott schenkt, wenn etwas seine Richtigkeit hat, fehlte. Schließlich war uns beiden klar, daß es nicht gut wäre, wenn wir heirateten. Diese Beziehung abzubrechen wurde zu einer der schmerzhaftesten Erfahrungen meines Lebens. Doch so perfekt wir auch zusammenzupassen schienen, so füllte Paula doch nicht all die leeren Stellen meines Lebens in der Weise aus, wie es heute meine Frau Dottie tut. Dottie ist Gottes vollkommene Ergänzung für mich, Paula war es nicht.

Interessanterweise machte Paul in seiner Studienzeit eine ähnliche Erfahrung. Fast vier Jahre war er mit Carolyn zusammen, und jeder wartete nur noch auf ihren Hochzeitstermin. Auch diese zwei paßten wunderbar zusammen: Sie hatten dieselben Interessen, arbeiteten zusammen in der studentischen Selbstverwaltung, teilten dieselben Lebensziele. Ihre Beziehung war voller Glück und Freude. Doch als es an der Zeit war, die Dinge festzumachen und die Hochzeit ins Auge zu fassen, stellte sich heraus, daß etwas nicht stimmte. Paul hatte keinen Frieden von Gott. Carolyn konnte die leeren Stellen seiner Persönlichkeit nicht so ausfüllen, wie es heute Leslie tut. Dabei geht es nicht um Sex, sondern darum, wie Persönlichkeiten, Begabungen, intellektuelle und emotionale Bedürfnisse zu einer allumfassenden Rund-um-die-Uhr-Beziehung zusammenfließen.

Die „Ein-Fleisch"-Beziehung

Als Mose sagte: „Darum wird ein Mann seinen Vater und seine Mutter verlassen und seiner Frau anhangen", da benutzte er für die Aussagen, die wir mit „verlassen“ und „anhangen“ wiedergeben, hebräische Vokabeln, die an Schärfe und Aussagekraft nicht zu überbieten sind. „Verlassen“ bedeutet, einen radikalen Schnitt zu machen und die Intimität einer Eltern-Kind-Beziehung ein für allemal hinter sich zu lassen, um an ihre Stelle die Intimität einer Mann-Frau-Beziehung zu setzen, eine neue Bindung, die genauso unauflöslich sein sollte, wie es die Eltern-Kind-Bindung gewesen war. Hast Du jemals darüber nachgedacht, wie schwierig es wäre, von Deinen Eltern „ungeboren“ zu werden? Eine solche unauflösliche Bindung ist mit dem hebräischen Wort für „anhangen“ ausgedrückt – eine Schweißnaht, die nichts und niemand wieder lösen kann. Und als sichtbarer Ausdruck dieser Einheit und ständige Erinnerung an sie war der Geschlechtsverkehr gedacht, in dem ein Mann und eine Frau „ein Fleisch“ werden.

Diesen Gedanken bestätigte Jesus 1500 Jahre später in einer Diskussion mit jüdischen religiösen Leitern. Sie wollten ihn mit dem Thema Ehescheidung auf die Probe stellen und konfrontierten ihn mit den gesetzlichen Regelungen darüber, wie ein Mann sich von seiner Frau scheiden lassen konnte. Jesus erkannte ihre Motive und sagte: „Habt ihr nicht gelesen: ‚… es werden die zwei ein Fleisch sein‘ – so daß sie nicht mehr zwei sind, sondern ein Fleisch? Was nun Gott zusammengefügt hat, soll der Mensch nicht scheiden.“

Wiederum einige Zeit später war es der Apostel Paulus, der dieses Prinzip nochmals bekräftigte. Er schrieb einen Brief an die Menschen in der christlichen Gemeinde von Korinth, aufgebracht darüber, was dort einige Diakone und Älteste taten. Korinth war eine Stadt voller heidnischer Tempel. So viele Kulte wurden dort ausgeübt, daß man Korinth wohl für eine der religiösesten Städte halten muß, die die Welt je gesehen hat. In diesen Tempeln gehörte es zu den religiösen Ritualen, mit Tempelprostituierten Geschlechtsverkehr auszuüben.

Paulus war zornig, weil einige der Christen in der Stadt in ihre alten Gewohnheiten zurückfielen und sich mittwochabends davonstahlen, um in den Tempeln „anzubeten", was nicht bedeutete, daß sie dort eine Gebetsstunde abhielten.

Diesen Leuten schrieb Paulus: „Oder wißt ihr nicht, daß, wer der Hure anhängt, ein Leib mit ihr ist? ‚Denn es werden', heißt es, ‚die zwei ein Fleisch sein.'" Geschlechtsverkehr stiftet zwischen zwei Menschen eine ebensolche Einheit, wie sie durch Glauben an Jesus Christus zwischen dem Geist Gottes und dem Geist des Menschen entsteht. Tatsächlich benutzt Gott immer wieder die Ehebeziehung als Analogie zur Beschreibung der Einheit, die Christen mit ihm, dem Herrn, haben.

Wozu ist Sex nun wirklich da?

Was also hatte Gott, der „Hersteller", derjenige, der die Sexualität erdachte, männliche und weibliche Geschlechtsorgane entwarf, im Sinn, als er die Triebe und Leidenschaften schuf, die uns zu sexueller Vereinigung drängen? In den Gedanken dieses Urhebers von Sexualität ging es vor allem anderen um eines: die Schaffung von Einheit. Sexuelle Gemeinschaft hat den Sinn, die Einheit zu demonstrieren, die zwischen einem Mann und einer Frau besteht.

„Jetzt mach aber mal 'nen Punkt", wirst Du sagen.

„Ich dachte immer, in der Bibel steht, daß der allererste Zweck von Sex Fortpflanzung sei, also Kinder zu zeugen." Ist es nicht so? Nein! Diesen Mythos halten unwissende Kritiker des Christentums aus eigennützigen Zwecken am Leben. Kinder zu zeugen ist nicht das Hauptmotiv für Sex. Es ist ein Grund ein zweiter Linie, und zwar ein äußerst wichtiger, aber es ist nicht Gottes Hauptmotiv, sich Sex auszudenken.

Der wichtigste Beweggrund liegt im Einheitsgedanken, darin, Mann und Frau „Einfleischigkeit" zu schenken - eine physische Erfahrung, welche die Intensität der geistlichen Beziehung illustriert, die ein Mann oder eine Frau mit Gott hat, sobald er oder sie durch Jesus Christus wiedergeboren wird.

Diese Einheit in sexueller Gemeinschaft bietet einem Mann und einer Frau die bleibendste Freude und das Höchstmaß an Erfüllung, das überhaupt menschenmöglich ist. Deshalb ist Sex zur rechten Zeit, mit dem richtigen Partner und im Rahmen der richtigen Beziehung etwas so Unübertreffliches. Und deshalb bringt der Mißbrauch unserer Sexualität letzten Endes so abgrundtiefe Enttäuschung hervor.

Die mißverstandene Botschaft

Viele Leute haben die Lehre darüber, wozu Sex eigentlich da ist, noch nie gehört. Das liegt daran, daß die christliche Sicht von Sexualität immer und immer wieder irreführend karikiert worden ist. Die *Playboy*-Philosophie ist eine von vielen Stimmen, die Millionen zu der Überzeugung geführt haben, Gott sei gegen Sex und die Bibel verneine sexuellen Genuß wie sexuelle Erfüllung. Man hat dem Publikum versichert, wer als Christ leben wolle, müsse seinen Geschlechtstrieb verleugnen und unterdrücken.

Nichts könnte weiter von der Wahrheit entfernt sein. Tatsächlich ist es so, daß einige der schönsten Worte, mit denen die Liebe zwischen Mann und Frau jemals beschrieben worden ist, auf den Seiten der Bibel zu finden sind, nämlich im Hohenlied Salomos. Dort ist von zwei Liebenden die Rede, die total darin aufgehen, einander zu befriedigen - es ist unglaublich, mit welcher Intensität dieses Buch sexuelles Erleben poetisch beschreibt.

Nein, Gott ist nicht *gegen* Sex. Er ist so sehr *dafür*, daß er möchte, daß jeder Mann und jede Frau weiß, wie er oder sie das allermeiste daraus machen kann. Er möchte, daß wir erkennen, daß Sex nicht ein Spielzeug ist, dessen man sich von Zeit zu Zeit nach Lust und Laune bedient, sondern eine elementare Freude, die mit sorgfältiger Wertschätzung behandelt sein will, wieviel Spaß auch immer ein wahlloser „Quickie“ zwischendurch zu versprechen scheint.

Ohne Zweifel sind im christlichen Namen massenweise Dummheiten über Sex geäußert worden. Fügt man all diese Zerrbilder zusammen, so entsteht in der Tat eine traurige Karikatur: eine Strohpuppe, die vielleicht aussieht wie „die christliche Sichtweise von Sexualität“, der Wirklichkeit jedoch nicht einmal nahekommt. Wer dann diese Strohpuppe zerstört, so wie es die *Playboy*-Philosophie getan hat, der hat überhaupt nichts Wirkliches kaputtgemacht. Fakt ist, daß Sex eine Idee Gottes war: Er hat ihn geschaffen, um die tiefsten Triebe zu erfüllen und zu befriedigen, die er jedem Mann und jeder Frau eingepflanzt hat. Das ist die Wahrheit, und daran wird kein Mensch je etwas ändern können.

Halten wir in unserer Suche nach der ultimativen sexuellen Erfüllung nur einmal lange genug inne, so wird uns dämmern, wie blöde der Versuch ist, unser eigenes „Bedienungshandbuch“ zusammenzustellen. Nur der ursprüngliche Konstrukteur weiß, wie wir aus unseren sexuellen Erfahrungen das zutiefst befriedigende Erleben machen können, nach dem wir uns so sehr sehnen. Sobald wir endlich diese Wahrheiten einsehen, werden wir das finden, wonach wir gesucht haben. Dann werden wir das Geheimnis entdecken.

Sex ist mehr als ein körperlicher Trieb

Eine Menge Leute sagen mir: „Ach, komm schon, Josh, Sex ist doch nur was Körperliches. Was soll's - miteinander schlafen hat nur mit dem Körper zu tun, ist nichts weiter als die Befriedigung eines biologischen Triebs.“

„Weißt du“, sage ich dann, „so mag's bei dem Kater sein, der in deiner Nachbarschaft herumstreunt. Aber für dich und mich betrifft Sex, so wie Gott ihn geschaffen hat, unsere ganze Persönlichkeit, alles, was wir sind. Beim Sex geben wir uns total weg, machen uns ungemein verletzlich - wir geben uns voll und ganz hin, ohne irgendwas zurückzuhalten. Das ist genauso wie bei einer optimalen geistlichen Beziehung zu Gott. Die soll der Geschlechtsverkehr ja illustrieren. Alles, was hinter diesem völligen Verschmelzen zurückbleibt, mag Spaß machen, soviel es will, es ist nicht die sexuelle Maximalerfahrung, die Gott für dich und mich geschaffen hat.“

In einer Karwoche sprach ich in Daytona Beach über dieses Thema (was ja ziemlich erregend sein kann, so viel nacktes Fleisch, wie dort herumläuft). Immer wenn ich über dieses Thema rede, bringe ich normalerweise ein paar Leute aus der Fassung - wahrscheinlich treffe ich ihre wunden Punkte.

An jenem Abend in Daytona Beach traf ich bei einem Mann voll ins Schwarze. Er flippte total aus. Er kam rüber in mein Hotel, bollerte an die Tür, drängte sich ins Zimmer, nachdem ich geöffnet hatte, und sagte: „Mit einigen Dingen, die Sie heute abend gesagt haben, war ich ganz und gar nicht einverstanden."

„Das geht in Ordnung", erwiderte ich, „macht mir nichts aus."

„Ja, aber ich will drüber reden", sagte er.

„Gut", sagte ich, „ich auch."

Er fing an: „Was ist verkehrt daran, wenn man eine ernsthafte Beziehung zu einem Mädchen unterhält?"

Meine Damen, diese Floskel - „eine ernstgemeinte, dauerhafte Beziehung" - wird Euch nur allzu vertraut sein. Einmal sagte eine Frau: „Ach ja, letzten Monat hatte ich vier davon."

Aber zurück zu diesem Burschen. „Was ist denn so verkehrt", sagte er, „an einer ernstgemeinten, dauerhaften Beziehung zu einem Mädchen, wenn ich sie doch liebe, keinem wehtun und einfach meinen Spaß haben möchte? Immerhin, ich hab schon mit sechsundzwanzig Frauen geschlafen."

„Mann", entgegnete ich, „was für eine Liebeskapazität! Aber sagen Sie mal, Dave, wenn Sie mal heiraten, möchten Sie ein Mädchen zur Frau nehmen, das schon zu fünfundzwanzig Männern ernstgemeinte, dauerhafte Beziehungen unterhalten hat?"

„Nein", sagte er.

Darauf ich: „Dave, dann sind Sie nichts als ein Heuchler. Mehr bedeutet Sex Ihnen nicht? Sie wollen nicht, daß jemand von dem Mädchen, das Sie mal heiraten, dasselbe nimmt wie Sie von all diesen anderen Frauen."

Sehen Sie, die meisten Leute möchten sich selber nicht mit Gebrauchtmöbeln einrichten, aber sie würden ohne weiteres mit Antiquitäten handeln.

Ist Sex die Probe auf die Liebe?

Sex, so wie Gott ihn geschaffen hat, bedeutet sehr viel. Sex ist nichts, was man „kriegen", „machen" oder „haben" kann. Sexuelle Erlebnisfähigkeit wächst und entwickelt sich im Zuge der andauernden, fortschreitenden und reifenden Einheit zwischen einem Mann und einer Frau. Sie zeigt das Höchstmaß an Einheit, zu deren Ausdruck Gott sie uns gegeben hat.

Daraus zimmern sich manche Leute ein Argument für Sex vor der Ehe. „Wir müssen schon vor der Ehe miteinander schlafen", sagen sie, „allein um zu sehen, ob wir überhaupt zusammenpassen." Junge, Junge, da müßtest Du 'ne Menge aufstellen; denn das Problem des Zusammenpassens ist keine körperliche Angelegenheit. Auf der körperlichen Ebene funktioniert eine Beziehung fast immer. Die Frage des Zusammenpassens ist die der Einheit in letzter Konsequenz - es geht darum, sich in einer Weise zu ergänzen, die bei beiden Partnern eine reiche, voll entwickelte Persönlichkeit freisetzt. Das aber fordert alles, was Du bist: die geistliche (auf Gott ausgerichtete) wie die seelische (den Menschen zugewandte) und auch die körperliche Dimension Deines Wesens. Gottes Entwurf geht dahin, daß das Sexleben eines Paares, wie es sich im Laufe der Zeit entwickelt, wächst und reift, um so besser sein wird, je mehr geistliche und seelische Einheit die beiden pflegen.

An einer Hochschule im Westen der USA gibt es einen christlichen Professor, der vierundachtzig Jahre alt ist. Eines Tages saßen wir in einem soziologischen Seminar, als ein Kommilitone diesen Lehrer fragte: „Sir, bitte sagen Sie mir, wann gedenken Sie mit dem Sex aufzuhören?“

„Keine Ahnung“, erwiderte der alte Mann, „aber irgendwann, wenn ich über vierundachtzig bin.“

Und genauso sollte es sein, wenn es nach Gott geht. Sex soll stets wachsen und reifen, so lange, bis menschenmögliche Verbundenheit und Einheit zwischen zwei Menschen entstanden ist.

Solche Verbundenheit, solche Freude und Einheit kann uns kein *one night stand* bringen. Tatsächlich kann sie nicht außerhalb eines Ehebundes gedeihen, der endgültig und unauflöslich ist.

Der Ursprung der Sexualität liegt in dem Schöpfungsakt Gottes, der den Menschen auf der Erde ins Leben rief. Sicher steht es Dir frei, das zu glauben oder auch nicht. Natürlich kannst Du statt dessen die Dinge so sehen, daß menschliche Sexualität nichts weiter ist als eine biologische Funktion, genau wie bei zwei Hunden, die einander im Park nachrennen. Du kannst experimentieren und alle emotionalen und sozialen Spielchen durchspielen, nach denen Dir der Sinn steht. Doch jedes Verständnismuster von Sexualität und jeder Umgang damit, der von dem abweicht, den Gott sich gedacht hat, ist dazu verdammt, hinter der Erfüllung der mit Sex verbundenen Sehnsüchte und Bedürfnisse zurückzubleiben, die Dein Schöpfer in Dein Inneres gepflanzt hat. Mit Sex ist es wie mit allem anderen auch: Er funktioniert nur, wenn Du den

Anweisungen der Bedienungsanleitung des Konstrukteurs folgst.

Und so machtvoll er sich auch in unserem Leben auswirken, so unwiderstehlich er uns auch anziehen mag, Sex ist eine zerbrechliche Angelegenheit. Er braucht Zeit und Sicherheit. Er kommt nur dann wirklich zur Blüte, wenn man ihn im Rahmen echter, bedingungsloser Liebe genießt. Ja, Du wirst niemals ausschöpfen, was Sex Dir zu bieten vermag, solange Du nicht gelernt hast, bedingungslos zu lieben und geliebt zu werden.

Man hört es immer wieder: Wenn Du jemanden liebst, wirst Du das in sexueller Form zum Ausdruck bringen. Wahr ist: solange Du Deine Liebe nicht in nichtsexueller Form auszudrücken verstehst, ist es keine wahre Liebe. Werfen wir also einen Blick auf solche wahre Liebe. Was ist über sie zu sagen?

4

Wie ist wahre Liebe?

Hätte ich nicht mehr als zwölf Minuten zur Verfügung, um vor einer Gruppe von Psychologiestudenten über optimalen Sex zu reden, so spräche ich über Liebe. Was wir nämlich für Liebe halten wollen - also was wir darüber denken, wie wir sie ausdrücken und wie wir auf all die psychologischen Spielchen reagieren, die unsere Gesellschaft unter der Rubrik „Liebe" abzieht -, entscheidet darüber, ob wir jemals zu der sexuellen Erfüllung gelangen werden, die wir uns wünschen. Ich bin davon überzeugt, daß das, was meine Frau und ich miteinander in unserer Ehe genießen, Resultat dessen ist, worauf wir uns beide vorbereitet haben, während wir noch allein waren.

Vor ein paar Jahren bezeichneten mich viele als prüde. Sie hielten mich für altmodisch und meine Ansichten über Sexualität und Ehe für vorgestrig. Heute aber würden viele dieser Leute alles dafür geben, wenn sie die Früchte ernten dürften, die mir aus jener Haltung gegenüber Liebesdingen erwachsen, die ich mir zugelegt habe, während ich noch Single war. Eine Volksweisheit sagt: „Du bist, was du geworden bist.“ Das trifft nirgendwo mehr zu als im Bereich von Liebe und Sexualität. Die Verhaltensmuster, die Du jetzt in Liebesdingen praktizierst, bestimmen die Qualität Deiner Liebeserfahrungen später.

Drei Arten von Liebe

Vielleicht schwirrt Dir in Sachen Liebe jetzt ein wenig der Kopf. Wenn das so ist, dürfte es daher rühren, daß Dir nicht klar ist, daß wir es mit drei verschiedenen Arten von Liebe zu tun haben. Während ich sie Dir beschreibe, sollen sie Dir als Spiegel dienen, mit dessen Hilfe Du die Liebesbeziehungen bewerten kannst, in denen Du heute lebst: zu Deinen Freunden – lieben wir einen guten Freund etwa nicht? –, Deinen Familienangehörigen und Menschen des anderen Geschlechts.

Die erste Sorte Liebe ist für viele die einzige, die sie je kennengelernt haben. Ich nenne sie Wenn-Liebe. Gemeint ist die Liebe, die Du und ich aufbringen oder empfangen, wenn bestimmte Bedingungen erfüllt sind. Für diese Liebe mußt Du erst mal etwas tun. „Wenn du ein braves Kind bist, hat Papi dich auch lieb.“ „Wenn du meinen Erwartungen an einen Liebhaber / eine Geliebte genügst ... Wenn du meine Wünsche erfüllst ... Wenn du mit mir ins Bett gehst ... dann werde ich dich lieben.“ Eltern vermitteln ihren Kindern sehr häufig diese Vorstellung von Liebe, indem sie ihnen ausdrücklich oder unterschwellig sagen: „Wenn du gute Noten nach Hause bringst ... Wenn du dich nicht mehr mit diesen Freunden triffst ... Wenn du dich anständig anziehst/benimmst ... dann darfst du unserer Liebe sicher sein." Liebe wird angeboten als Tauschware für eine Vorleistung, die der so „Liebende" erwartet. Dahinter steht eine Motivation, die im Kern eigensüchtig ist. Wer so redet, will etwas für sich haben und bietet *dafür* Liebe an.

Wie vielen Frauen bin ich begegnet, die gar keine andere Art von Liebe kennen als nur die, die sagt: „Ich werde dich liebhaben, wenn du mit mir schläfst." Was ihnen nicht klar wird, ist, daß die Liebe, die ihnen jemand als Gegenleistung für die Befriedigung seiner eigenen sexuellen Bedürfnisse verspricht, eine billige Liebe ist, die keine Zufriedenheit geben kann und ihren Preis niemals rechtfertigt. Diese Art Liebe zeigt sich in dem, was mir einmal ein älterer Student sagte: „Wieso soll ich mich mit Liebe abgeben, wenn ich doch Sex haben kann? Liebe bedeutet Unterwerfung. Sex bedeutet Eroberung."

An der Wenn-Liebe hängen immer Fußangeln. Solange die Bedingungen erfüllt sind, ist alles in Butter. Doch sobald Du widerstrebst - Dich sexuell verweigerst oder auch eine Abtreibung ablehnst -, hört die Liebe auf zu fließen. Es ist traurig, aber wahr, daß diese Art von Liebe mit Bedingungen sich fast immer selber zerstört, denn früher oder später wird sich einer der beiden Partner den Anforderungen des anderen entziehen oder ihnen nicht mehr genügen.

Viele Ehen zerbrechen, weil sie auf dieser Art Liebe gründeten. Irgendwann zeigt sich dann, daß er oder sie nicht die Persönlichkeit geliebt hat, die der Gatte wirklich ist, sondern ein geschöntes, romantisiertes Wunschbild des anderen. Sobald es dann zur Desillusionierung kommt und der Partner den eigenen Erwartungen nicht mehr genügt, verwandelt sich Wenn-Liebe häufig in Abneigung - wobei die beiden Betroffenen tragischerweise oft genug überhaupt nicht verstehen, warum das geschieht.

Weniger als das Beste

Der zweite Liebestyp - von dem ich glaube, daß er die Basis der allermeisten Eheschließungen darstellt - ist die Weil-Liebe. Bei diesem Typ erfährt jemand Liebe aufgrund von etwas, was er ist, hat oder tut. Mit anderen Worten: die Liebe entsteht durch einen bestimmten Umstand im Leben des Partners oder durch eine Eigenschaft, die er aufweist.

Weil-Liebe klingt oftmals so: „Ich liebe dich, weil du so hübsch bist." „Ich liebe dich, weil du reich bist." „Ich liebe dich für die Sicherheit, die du mir gibst." „Ich liebe dich, weil du so anders bist als die anderen - so populär, berühmt" oder was auch immer. Stell Dir eine Frau vor, die einen jungen Mann liebt, weil er ein Super-Sportler ist. Sie kann sich einfach nicht vorstellen, sich an irgend jemanden zu hängen, der nicht die Nummer 1 ist. Dabei kommt es gar nicht so sehr darauf an, welche Person dieser Sportler eigentlich ist. Denn ihn selber liebt sie gar nicht wirklich, sondern seine Position, seinen Status und seinen Ruhm.

Oft bekomme ich zu hören: „Weil-Liebe finde ich gar nicht schlecht. Ich will doch für das geliebt werden, was ich bin, für die Qualitäten, die mein Leben aufzuweisen hat. Was ist denn daran verkehrt?" Vielleicht gar nichts. Wir alle wollen für irgend etwas in unserem Leben geliebt werden. Und ganz sicher ist die Weil-Liebe der Wenn-Liebe vorzuziehen. Wenn-Liebe muß verdient werden und fordert uns eine Menge Anstrengung ab. Uns von jemandem für das lieben zu lassen, was wir sind, macht es uns wesentlich leichter, können wir uns doch auf diese Weise vergewissern, daß an uns irgend etwas Liebenswertes sein muß.

Auf die Dauer allerdings machen die beiden Typen kaum einen Unterschied. Auch die Weil-Liebe ist schwankender Boden, wenn es darum geht, die Fundamente einer Ehe, einer bleibenden Beziehung zu legen.

Denken wir nur an die Frage der Konkurrenz: Was passiert, wenn jemand daherkommt, der von den Qualitäten, um derentwillen Du geliebt wirst, mehr aufzuweisen hat als Du? Stell Dir vor, Du wärst eine Frau, die von ihrem Mann nicht zuletzt ihrer Schönheit wegen geliebt wird. Was wird geschehen, wenn eine noch schönere Frau die Szene betritt?

Und wenn die Liebe Deiner Ehefrau oder Freundin auf Deinem Einkommen bzw. den Dingen und Erlebnissen, die man damit kaufen kann, basiert – was wäre, wenn Du Deinen Job verlörst, arbeitsunfähig würdest oder aus irgendeinem anderen Grund nicht mehr soviel verdienen könntest? Oder wenn jemand in Reichweite Deiner Partnerin käme, der noch mehr verdiente und damit mehr zu bieten hätte als Du? Wirst Du solche Konkurrenz fürchten müssen? Wird sie Deine Liebesbeziehung bedrohen? Falls ja, lebst Du in einer Weil-Liebe.

Und dann wirft Weil-Liebe noch ein weiteres Problem auf, das damit zu tun hat, daß die meisten von uns zwei Gesichter haben. Es gibt die öffentliche Person, den Josh McDowell oder Paul Lewis, der vor anderen Menschen auftritt. Aber wir haben auch noch eine ganz andere Seite, jene tief innen verborgene, die nur ein paar Leute - wenn überhaupt - wirklich kennen. In der Seelsorge habe ich bei Menschen, die in Weil-Liebesbeziehungen leben, beobachtet, daß einer der Partner oder auch alle beide große Angst davor haben, den anderen sehen zu lassen, wer sie wirklich tief in ihrem Inneren sind. Sie fürchten, weniger akzeptiert oder geliebt zu werden oder sogar kalte Zurückweisung zu erfahren, sobald sie wahrhaftig erkannt würden.

Gibt es in Deinem Leben etwas, über das Du mit Deinem Partner nicht sprechen kannst, weil Du meinst, falls Du es tätest, Angst vor einer Trübung Eurer Beziehung oder gar Zurückweisung durch den anderen haben zu müssen? Wenn ja, wird es Dir schwerfallen, optimalen Sex mit Deinem Partner zu erleben, denn tiefgehende sexuelle Intimität erfordert hundertprozentiges Vertrauen und völlige Hingabe. Wenn es in Eurer Liebe irgendeine Unsicherheit oder irgendwelche Ängste gibt, werden diese sich zuallererst unter der Bettdecke ausdrücken; denn sobald wir sexuell rückhaltlos offen werden, machen wir uns extrem verletzlich - wir machen dem anderen ein Scheunentor zu unserem Inneren auf. Genau diese Offenheit indes ist es, die gelingenden Sex zu einem unvergleichlichen Gemeinschaftserlebnis macht - zugleich aber Verletzungen ermöglicht, wie sie tiefer kaum gehen können, sollte der Partner uns nicht ohne Wenn und Aber annehmen. In einer Weil-Beziehung nun ist es niemals möglich, sich selbst in der körperlichen Liebe völlig loszulassen: Zu groß ist das Verletzungsrisiko.

Genau diese Gedankengänge trug ich einmal einer Studentengruppe an der Ostküste vor, als plötzlich eine Frau unter den Zuhörern in lautes Schluchzen ausbrach. Sie war eine Schönheit gewesen, Familienstand: verlobt. Dann hatte sie einen Autounfall erlitten, bei dem eine Hälfte ihres Gesichts fürchterlich entstellt wurde. Durch plastische Chirurgie hatten die Ärzte versucht zu retten, was zu retten war; aber ihre Beziehung war eine Weil-Liebe. Sofort wurden ihre Gedanken von Angst erfüllt, und die Beziehung nahm von Stund an Schaden. Ein klassischer Fall von Weil-Liebe, ausgedrückt in der Redensart: „Ich liebe dich und will dich wegen ..." Vieles, was wir an Liebe in unserem Leben kennengelernt haben, gehört zu dieser Kategorie, und der Dauer solcher Liebe können wir uns nie völlig sicher sein.

Liebe ohne Bedingungen

Gott sei Dank gibt es noch eine dritte Sorte von Liebe, eine Liebe, die so aufrüttelnd und so herrlich ist, daß ich wünschen möchte, jeder von uns könnte sich entschließen, sie anzunehmen. Diese Liebe ist frei von allen Bedingungen.

Wer so liebt, sagt: „Ich liebe dich, egal, wie es tief in dir drin aussehen mag. Ich liebe dich, wie auch immer du dich vielleicht verändern wirst. Du kannst nichts tun, um meine Liebe von dir abzuwenden. Ich liebe dich - Punkt, aus!"

Solche ultimative Liebe ist keine blinde Liebe - weit entfernt. Wer so liebt, kann durchaus eine Menge über seinen Geliebten wissen, alles an Schwächen und Fehlern, aber er nimmt den anderen voll und ganz an, ohne dafür irgendeine Gegenleistung zu erwarten. Diese Art Liebe kann man sich mit nichts verdienen.

Du kannst nichts tun, um sie zu vermehren. Du kannst sie auch nicht abschütteln. An ihr hängen keine Fußangeln dran. Von der Weil-Liebe unterscheidet sie sich dadurch, daß sie nicht erst durch irgendwelche attraktiven Eigenschaften auf seiten der geliebten Person hervorgerufen wird. Wer so liebt, würde auch den nichtsnutzigsten Mitmenschen so lieben, als hätte er einen unbeschreiblichen Wert.

„Liebe und nichts weiter" kann nur ein Mensch leben, der sich selber angenommen hat und sein Leben als erfüllt erfährt; denn nur so jemand sieht sich nicht fortwährend genötigt, Beziehungen, in denen er lebt, auszunutzen, um seine eigene innere Leere aufzufüllen. Eine erfüllte Persönlichkeit hat wirklich die Freiheit, in einer Beziehung alles zu geben, ohne etwas zurückerwarten zu müssen.

Ob Du es nun erkennst oder nicht: Liebe ohne Bedingungen ist wichtiger für Dich als irgend etwas sonst. Solltest Du solche Liebe bis dato nicht erfahren haben, so schlummert wahrscheinlich in Dir die Hoffnung, daß Du sie eines Tages erleben wirst; oder aber Du klammerst Dich an Erinnerungen an goldene Zeiten fest, in denen solche Liebe zu Deinem Leben gehörte. Ein Leben, in dem nicht wenigstens eine Spur „Liebe und weiter nichts" ist, ist dazu verdammt, irgendwann in Verzweiflung zu münden. Liebe ohne Bedingungen schafft eine Beziehung des Gebens. Wer so liebt, kann es nicht abwarten zu geben. Die beiden anderen Liebestypen können es nicht erwarten zu bekommen. Liebe ohne Bedingungen buchstabiert sich G-E-B-E-N: sich selber freimütig verschenken. In solch einer Beziehung haben Angst, Frust, Druck, Neid oder Eifersucht keinen Raum.

Eine neue Motivation, sich zu verändern

In unserer Verlobungszeit schickte Dottie mir einen Brief. „Schatz", schrieb sie, „ich weiß, daß Du mich so annimmst, wie ich bin. Dir muß ich nichts vormachen. Ich muß nichts Bestimmtes tun oder sein – Du liebst mich einfach." Dann fügte sie hinzu: „Und weißt Du, was das mit mir macht? Es löst in mir den Wunsch aus, Dir um so mehr eine Traumfrau zu sein."

An dieser Stelle wird nun eine Menge Männer sagen: „He, wenn ich mein Mädchen *trotz* ihres Aussehens lieben würde und *obwohl* sie lauter Mist baut, dann würde die sich total gehen lassen." – Nein, das würde sie nicht. Sie würde es nicht, weil Liebe ohne Bedingungen eine gebende Liebe ist. Letzten Endes ist sie Gottes Liebe, die er in eine Person hineingegossen hat, und sie ist so gewinnend, so unwiderstehlich, daß sie in dem Geliebten die allerbesten Eigenschaften freisetzt. „Liebe und sonst nichts" löst kreative Veränderungen bei dem aus, der sie erfährt – Veränderungen, die nicht gefordert werden, sondern einfach die natürliche Antwort auf bedingungslose Liebe sind.

Meine Frau liebt mich so sehr, daß ich ihr nichts vormachen muß. Ihre unaufhaltsame Liebe stachelt in mir den natürlichen Wunsch an, genau der Typ Mensch zu sein, von dem sie weiß, daß ich die Anlagen dazu habe. Nicht, daß ich so sein *muß*, ich *will* es einfach. Das ist die natürliche Antwort auf ihre bedingungslose Liebe zu mir.

Und genau so ist die Liebe Gottes. Durch den Mund des alten Propheten Jeremia sagt er: „Ja, mit ewiger Liebe habe ich dich geliebt; darum habe ich dir meine Güte bewahrt." Das heißt, Gott hat mich sogar geliebt, als ich noch der Meinung war, daß mein Leben ihn nicht das geringste angehe. Trotz meiner Sünden liebte er mich. Und das Komische ist, daß das genau die natürliche Antwort aus mir rausgekitzelt hat. Ich reagierte auf seine Liebe. Genau das ist der Punkt, der mich veranlaßte, Christ zu werden.

Einmal sprach ich an der Purdue-Universität über Liebe, Sex und Beziehungen, als ein deutscher Student sich erhob. In seiner Hand hatte er den *Kinsey-Report* - obwohl der natürlich gehörig veraltet ist. Doch wie dem auch sei, er stand auf und sagte: „Schau her, McDowell, was wir wollen, sind Fakten und nicht dieses ganze Rumgeseiere über Liebe. Fakten wollen wir! Der *Kinsey-Report* bringt Fakten und ist weltoffen, und da steht drin, daß es für Mädchen gut ist, mehrere voreheliche sexuelle Erfahrungen zu machen, damit sie dann in der Ehe gut zurechtkommen."

Na ja, in den Ohren der meisten Männer im Hörsaal klang das nicht schlecht, so daß es mir nötig schien, unverblümt darauf zu antworten. „Kann sein, daß du recht hast", sagte ich, „aber hast du auch gelesen, warum Kinsey das empfiehlt? In *Das sexuelle Verhalten der Frau* zeigt er auf, daß die ersten paar Sexualkontakte nach aller Erfahrung für die meisten Mädchen alles andere als angenehm sind. Häufig braucht es Wochen, Monate oder sogar ein ganzes Jahr, bis sich eine Frau wirklich auf ihren Sexualpartner eingestellt hat, so daß sie sich total entspannen und den Sex genießen kann. Und dann fährt Dr. Kinsey fort und spricht über die Art Liebe, die viele Ehemänner ihren Frauen entgegenbringen. Die meisten Männer, sagt er, haben in diesem Bereich keine Geduld mit ihren Frauen. Deshalb empfiehlt er, daß

Frauen vor der Ehe mehrere sexuelle Erfahrungen mit verschiedenen Männern machen, wird doch der Mann, der sie vorgeblich liebt, ihr keine Geduld entgegenbringen."

Einen abwegigeren Grund, etwas zu tun, kann ich mir nicht vorstellen. Ich kann nur hoffen, Ihr Frauen tut Euch selbst den Gefallen, auf den Mann zu warten, der Euch um Eurer selbst willen mit sich verschenkender Liebe lieben wird. Auf den, der sagt: „Ich liebe dich, Punkt, aus." Der Dir nicht die Gelegenheit stehlen wird, Deine Liebe in der Ehe rückhaltlos auszudrücken, sondern geduldig genug sein wird, mit Dir zusammen sich in die körperliche Liebe einzuüben, bis Ihr beide voll und ganz aufeinander eingespielt seid. Nirgendwo sonst kann ein Mann seine Liebe zu seiner Frau besser zeigen als durch zärtliche Geduld im Bereich sexueller Gewöhnung.

Du hast die Wahl

Welche der drei Arten von Liebe hättest Du gerne? Nur sehr wenige Leute entscheiden sich absichtlich für die Wenn-Liebe, verlangt sie doch fortwährende, endlose Anstrengungen, die geforderte Leistung zu erbringen. Damit bleiben zwei andere Liebestypen übrig, von denen sich überraschenderweise viele die Weil-Liebe aussuchen. Vielleicht kitzelt es unser Ego am besten, auf diese Art geliebt zu werden. Klar, es macht zufrieden, für etwas geliebt zu werden, was Du bist oder hast. Es stärkt Dein Selbstvertrauen. Und dennoch ist es eine empfindliche Pflanze, die sich irgendwann unweigerlich selbst vernichtet.

Das Geheimnis der Liebe liegt im dritten Typ verborgen: Liebe ohne jede Bedingung. Diese Liebe ist nicht allzu verbreitet, gibt es doch nur eine unaufhörlich sprudelnde Quelle, aus der sie fließt: Gott selbst. Niemand bringt es fertig, dauerhaft in solcher Liebe zu leben, ohne daß Gottes Heiliger Geist in ihm wohnt und ihn beherrscht. Gott jedoch möchte nichts lieber, als diese Liebe freigebig in den Mittelpunkt einer jeden Persönlichkeit zu pflanzen, die sich durchringt einzugestehen, daß sie sie möchte und braucht, daß sie ohne Gottes Hilfe außerstande ist, so zu lieben.

Warum findet man diese Liebe so selten? Wieso stellt sie ein solches Geheimnis dar? Weil sie dem menschlichen Stolz diametral zuwiderläuft. Es gefällt uns nicht, eingestehen zu müssen, daß wir es keineswegs mit schierer Willenskraft und Entschlossenheit allein fertigbringen, das zu sein, was wir gerne sein wollen. Außerdem lassen wir diese bedingungslose Art der Liebe nur allzugern außer acht, denn wenn es um das Thema Sex geht, fordert sie uns Disziplin und Selbstkontrolle ab. Sie verlangt, daß wir uns unsere Gefühle und körperlichen Triebe so unterwerfen, daß sie uns dienen und nicht wir ihnen.

Hast Du „Liebe, wenn“ und „Liebe, weil“ gründlich satt? Du kannst Liebe ohne Bedingungen haben. In ihr liegt das Geheimnis aller Liebe. Wenn Du sie in Deinen Beziehungen zum anderen Geschlecht erleben möchtest, wirst Du vermutlich in Deinem Denken einiges verändern müssen. Du wirst Dein wichtigstes Sexualorgan neu einstellen müssen.

5

Was ist unser wichtigstes Sexual-organ?

Fast immer, wenn ich über die christliche Sicht von Liebe und Sex spreche, kommen nachher ein oder zwei Studenten auf mich zu und meinen: „Ich wollt' nur sagen, Sex zu haben ist 'ne rein körperliche Angelegenheit. Mann, das ist doch nichts anderes, als ein Glas Wasser zu trinken!" Ich für meinen Teil bin der Meinung, daß zwischen Sex und Wassertrinken große Unterschiede bestehen. Sei er nun ausbeuterisch oder nicht, Sex nimmt unsere ganze Persönlichkeit in Beschlag. Niemals läuft Sex auf der rein körperlichen Ebene ab. Was die körperlichen Funktionen angeht, klappt es mit dem Sex fast immer, das sahen wir schon. Alles, was nicht funktioniert, hat seine Ursache normalerweise in unserem Denken. Das allerwichtigste Sexualorgan, das wir haben, ist das Gehirn!

Ich hoffe, Du hast inzwischen verstanden, daß Gott

die Sexualität als ein Mittel zur Freude und zum Ausdruck vollkommener Verschmolzenheit zwischen einem Mann und einer Frau im Rahmen einer beständigen, dauerhaften Partnerschaft gedacht hat. Vielleicht fängst Du auch an einzusehen, daß beiläufiger Sex niemals letzte Erfüllung und Befriedigung bringen kann. Es mag sein, daß ein *one night stand* oder auch eine Reihe aufeinanderfolgender Beziehungen einigen Spaß machen, letzten Endes aber werden wir uns damit bloß der Chance berauben, stabile, wirklich zutiefst zufriedenstellende Liebe zu erfahren. Freilich steht all dies im krassen Widerspruch zu dem, was uns aus der Gesellschaft laufend entgegentönt.

Du und ich stehen unter dem Dauerbombardement von Aussagen und Anstößen einer Sexualethik, die falsch und einseitig ist. Als Kinsey in den vierziger Jahren seine Erhebungen über weibliche Sexualität durchführte, sagten ihm die Hälfte bis zwei Drittel der befragten verheirateten Frauen, daß sie regelmäßige oder häufige Orgasmen hätten. Dreißig Jahre später ergaben Befragungen, daß drei Viertel der Amerikanerinnen beim Geschlechtsverkehr „immer oder fast immer“ zum Orgasmus kämen. Folglich hat die Anzahl der Frauen, die körperliche Befriedigung erfahren, beträchtlich zugenommen. In Anbetracht dieses Tatbestands fragt Judy Gaylin Heyward in der *Ladies-Home-Journal*-Ausgabe vom Mai 1978: „Wie kommt es dann aber, daß mehr Frauen denn je die Dienste von Sexualtherapeuten in Anspruch nehmen? Und wieso hört man von diesen Therapeuten, die Frauen aller Altersgruppen behandeln, so unendlich viele Geschichten über Enttäuschungen reihenweise und Sex als Last und Mühe? Vielleicht, weil Befriedigung mehr auf sich hat als bloß körperliche Wohlgefühle und weil die Orgasmushäufigkeit kein Maßstab psychischer Erfüllung ist."

Sex in drei Dimensionen

Jody hat recht. Gehen wir der Frage nach, wieso Sex so häufig als unerfüllend erlebt wird, selbst in der Ehe. Das kommt daher, daß Sex nach Gottes Plan Einheit auf drei Ebenen oder in drei verschiedenen Dimensionen umfaßt. Sobald eine dieser drei Dimensionen fehlt, werden wir eine Beziehung erleben, die hinter dem Optimum zurückbleibt.

Die erste Dimension liegt auf der Hand. Es ist der körperliche Bereich. Auf dieser Ebene werden zwei Menschen physisch eins, bilden ein biologisches Ganzes.

Die zweite Dimension bildet die seelische Ebene. Hier wird Dein authentisches Selbst, wirst Du mit Deinen Ideen, Wünschen und Gefühlen eins mit einer anderen Person.

Die dritte Dimension ist die des Geistes, die Ebene, auf der zwei Menschen geistlich eins werden. Sex ist ein dreidimensionaler Akt, und sobald nur eine dieser drei Dimensionen nicht im Lot ist, wird eine Liebesbeziehung verwässert sein und den Liebenden nicht die höchstmögliche Erfüllung bringen.

Die meisten von uns wachsen auf, ohne sich dieser drei entscheidenden Dimensionen bewußt zu sein. Wir verlieben uns und meinen: „Hauptsache, ich bin beim Sex gut - wenn ich meinen Partner im Bett zufriedenstelle, spielt es keine Rolle, was wir sonst noch für Probleme haben. Klappt's im Bett, kriegen wir alles andere unter die Füße." Das ist eine der größten Lügen, die man den Menschen heute auftischt. Es ist äußerst selten, daß aus einem guten Sexleben eine gute Beziehung erwächst. Aber eines steht fest: Eine gute Ehe bringt ein phantastisches Sexleben mit sich, denn guter Sex ist das Ergebnis einer guten Beziehung, nicht ihre Ursache. Und doch mühen sich die meisten Leute damit ab, allein durch Sex in eine gute Einheit miteinander hineinzuwachsen.

Sex als Problemlöser?

Machen wir uns an einem Beispiel klar, wie manche Leute denken. Ein Mann kriegt in der Beziehung zu seiner Partnerin ein Problem, und das erste, was ihm einfällt, ist, mit ihr ins Bett zu gehen. Wie kommt das? Es rührt daher, daß er glaubt: „Wenn ich sie nur körperlich befriedige, wird sich alles andere - sei es, was es will - schon von selbst erledigen." Die Frau hingegen wird normalerweise nicht wollen, daß er sie anfaßt, solange sie sich nicht über das Problem ausgesprochen haben. Sex ist jetzt das letzte, was sie will - was eine Menge Männer allerdings nicht im geringsten anficht. Sie setzen ihre Frauen nur um so mehr unter Druck, bis sie schließlich nachgeben. Im Ergebnis wächst bei vielen Frauen eine Negativhaltung gegen alles Sexuelle heran.

Darum betone ich so, daß wir uns und unsere Partner sexuell berauben, solange wir nicht in die seelische und die geistliche Dimension unserer Beziehungen investieren.

Doch welche Bedeutung hat dann das Körperliche überhaupt noch? Eine große, glaube ich. Freilich bin ich davon überzeugt, daß eine Beziehung rundum optimal sein kann. Das Körperliche macht nur ungefähr ein Zwölftel einer Ehebeziehung aus - aber was für ein Zwölftel! Wie auch immer, es verlangt unsere Aufmerksamkeit. Darum ist das Gehirn Dein wichtigstes Sexualorgan! Mir sind viele Paare begegnet, die ihre guten Beziehungen damit zerstört haben, daß sie Irrtümer und Fehlhaltungen über Sex in ihrem Denken abspeicherten.

Während ich dieses Buch vorbereitete, habe ich gemeinsam mit meiner Frau eine Reihe seriöser Informationsquellen angezapft, mich bei Leuten kundig gemacht, die im Bereich Ehe und Sexualität in einem beständigen Seelsorgedienst stehen oder Forschungen betreiben. Viele dieser Quellen weisen darauf hin, daß nicht weniger als 85 bis 90 Prozent aller Probleme, die mit Sex zu tun zu haben scheinen, in Wirklichkeit in der seelischen oder geistlichen Existenzdimension verankert sind. Viele Probleme zeigen sich bloß zuerst auf der körperlichen Beziehungsebene, weil sie gewissermaßen an der Oberfläche liegt.

Immer wenn ich das sage, nehmen manche Leute eine Abwehrhaltung ein, und zwar durchweg dieselben Leute, die mir weismachen wollen, Sex zu haben sei wie Wasser trinken. Sie kommen dann nach einem Vortrag zu mir und sagen: „Josh, Sex hat nicht immer eine tiefere Bedeutung. Mit manchen Leuten schon, mit anderen aber nicht.“ Das halte ich für einen kompletten Irrtum. Jede körperliche Begegnung, angefangen von der gegenseitigen manuellen Stimulation der Geschlechtsorgane (sogenanntes *heavy petting*), hat Bedeutung und nimmt unsere ganze Persönlichkeit einschließlich unseres Denkens in Beschlag.

Den Erfolg programmieren

Wo liegt nun aber unser Denkproblem? Es besteht darin, daß viele von uns falsch programmiert worden sind. Wir sind einem Bombardement von Fehlinformationen ausgesetzt worden. Man hat uns gesagt, der Schlüssel zur sexuellen Erfüllung liege in der sexuellen Revolution; es gehe darum, die alten Moralfesseln abzustreifen und eine neue Moral aufzurichten; man müsse mit einer Vielzahl von Partnern experimentieren, hier und da Erfahrungen sammeln und darauf achten, daß die eigenen Bedürfnisse befriedigt werden. Disziplin ist *out*. Lustgewinn ist angesagt.

Aber: der *Input* bestimmt den *Output*. Sind wir mit falschen Daten gefüttert worden (oder haben es zugelassen, daß man uns mit Fehlinformationen vollstopfte), so werden wir verkehrte Schlüsse ziehen. Genauso ist es vielen von uns ergangen. Statt des Inneren haben wir das Körperliche betont. Um nun aufs neue erfüllende Liebe und befriedigenden Sex zu entdecken, müssen wir einige Programme bei uns löschen und Daten neu laden.

Einmal hatte ich an der Universität Stanford die Gelegenheit, einen bemerkenswerten Mann, Dr. Gerhard Dirks, zu interviewen. Er gehört zu den Entwicklern der Elektronischen Datenverarbeitung. Ich las einmal, Einstein habe einen IQ von etwa 207 gehabt. Der von Dirks liegt bei 206! Er ist ein blitzgescheiter Kopf und war damals Inhaber von mehr IBM-Patenten als irgend jemand sonst.

Wir unterhielten uns viereinhalb Stunden lang, und er erläuterte mir, wie die Prinzipien der Elektronengehirne aus dem menschlichen Organismus abgeleitet wurden. Was er erzählte, faszinierte mich. Wir sprachen darüber, wie Körper und Geist des Menschen programmiert werden. Ich entdeckte, daß das auf dreierlei Weise geschieht: erstens durch visuelle Wahrnehmung, also das, was ein Mensch sieht; zweitens durch akustische Sinneswahrnehmungen, das, was wir hören; und drittens mechanisch, das heißt durch das, was ein Mensch tut. Ich bat Dr. Dirks, mir konkret zu sagen, wie nach seiner Auffassung Programmierung des menschlichen Körpers und Geistes beim Sex geschieht. Er ließ mich wissen, wie er diese Dinge sah.

Hat eine Frau Verkehr mit einem Mann, so sagte Dirks, so wird sie von diesem programmiert, visuell, auditiv und mechanisch auf einen bestimmten Handlungsablauf zu reagieren. „Ich denke, es passiert folgendes", fuhr Dirks fort. „Ein junges Mädchen erfährt diese Programmierung durch einen oder zwei Männer - oder auch zwanzig. Später begegnet sie dem Mann, den sie heiratet, aber auf die Programmierimpulse, die von ihm ausgehen, kann sie nicht mehr unbefangen reagieren, weil sie mit den Impulsen ihrer vorausgegangenen Erfahrungen nicht übereinstimmen. Meine ehrliche Überzeugung ist deshalb, daß der beste Sex herauskommt, wenn zwei Leute sich ausschließlich aufeinander programmieren."

Was programmiert Dich?

Anschließend kam Dr. Dirks auf die männliche Sicht der Dinge zu sprechen. Ein junger Mann vergißt eine sexuelle Erfahrung niemals. Sie ist eine Programmierung direkt ins Gehirn hinein. Bei Frauen läuft die Programmierung im wesentlichen über Berührungswahrnehmungen. Männer aber werden durch visuelle

Reize programmiert. Werden Frauen grundsätzlich durch Berührung erregt oder stimuliert, so braucht ein Mann nichts anderes als ein Bild. Eine Frau kommt körperlich durch Zärtlichkeit auf Touren. Ein Mann braucht nur zu schauen und ist explosionsartig von null auf hundert.

Aus diesem Grund ist unser Hirn so wichtig – das wichtigste Sexualorgan, das wir besitzen. Und es hängt alles davon ab, wie Du Dein Gehirn programmierst. Für uns Männer spielt es eine große Rolle, was wir anschauen. Frauen sollten darauf achten, was sie am Leib tragen und wie sie sich berühren lassen. Dabei ist mir sehr bewußt, daß meine Ratschläge in dem gesellschaftlichen Kontext, in dem wir leben und lieben, beinahe absurd klingen. Doch wenn es stimmt, daß die Art und Weise, in der Du Deine Gedankenwelt programmierst, den Ausschlag dafür gibt, ob Du einmal sexuelle Erfüllung erlebst oder nicht, dann lohnt es durchaus die Mühe.

Viele Männer und Frauen achten nicht sonderlich darauf, was sie anschauen oder welche Berührungen sie zulassen. Im Ergebnis betäuben sie die sinnlichen Kanäle, die Gott ihnen zur sexuellen Erregung und Erfüllung gegeben hat. Ein junger Mann mag es als Ausdruck seiner Freiheit empfinden, sich mit lauter *Pinups* und sonstigen visullen Stimuli zu umgeben. Er mag es sich zur Gewohnheit machen, sexuell aufputschende Filme anzuschauen. Auf lange Sicht produziert er damit nichts anderes als einen Sensitivitätsverlust gegenüber den Reizen, die Gott ihm zugedacht hat, damit er in der Geborgenheit einer ehelichen Beziehung Erfüllung erfährt. Dank dieses Verlusts wird er fortwährend mehr und stärkere sexuelle Reize brauchen, um überhaupt noch erregt zu werden.

Erlaubt eine Frau es Männern oder ermutigt ihre männliche Umgebung sogar dazu, sie zu berühren und sexuell zu stimulieren - ein Küßchen hier, ein flüchtiges Streicheln dort -, so programmiert auch sie sich dahin, daß sie später nicht mehr voll und ganz auf den Mann wird „abfahren" können, dem sie sich eigentlich mit Haut und Haaren hingeben möchte.

Jetzt sehen wir die Sache einmal andersherum an und machen uns klar, welchen positiven Effekt dieses Prinzip der Programmierung auf ein Paar innerhalb der Ehe haben wird.

Erlebt ein Mann seine anfängliche Programmierung mit seiner eigenen Frau und sie mit ihm, so wird schon die erste Liebesbegegnung in beiden einen ungeheuren Datenstrom freisetzen, und der Lustgewinn wird für Mann und Frau ein maximaler sein. Beide stellen sich völlig und ausschließlich *aufeinander* ein. Ihre nächste sexuelle Begegnung vermehrt und verbreitert diese Datenbasis. Und dann folgen Hunderte weiterer Erfahrungen gemeinsamen Lebens, Kommunizierens und Liebens, die ihre aufeinander bezogene innere Programmierung stetig weiterentwickeln und ausbauen.

Hat man das begriffen, so läßt sich leicht verstehen, wieso ehelicher Sex keineswegs langweilig wird, sondern im Laufe eines ganzen Lebens immer erfüllender. Sauber programmiert birgt unser Gehirn ein unglaubliches Potential sexueller Erfüllung.

Du kannst neu programmiert werden

Die meisten von uns brauchen ein gerüttelt Maß an radikaler, durchgreifender Neuprogrammierung, um zur maximalen Erfüllung in Liebe und Sexualität gelangen zu können. Und ich weiß sehr wohl, wovon ich da rede, denn bei mir selber setzte diese Neuprogrammierung erst ein, als ich am Kellogg College studierte.

Als ich Student war, legte ich es darauf an, das Christentum zu vernichten. Ich hielt den christlichen Glauben für eine einzige Farce und wollte auch anderen die Augen dafür öffnen, an welchem Zerrbild sie da festhielten. Doch soviel Mühe ich mir auch gab, ich konnte die christliche Wahrheit intellektuell nicht widerlegen. Und im Ergebnis intensiver Forschungen erkannte ich schließlich, daß Jesus Christus genau der war, der zu sein er behauptete: der Sohn Gottes, der Messias.

So kam es, daß ich 1959, in meinem zweiten Studienjahr, mein Leben Jesus als meinem Retter und Herrn anvertraute. Ich lud ihn ein, in mein Leben zu kommen. Und er begann mein Inneres und meine Gedankenwelt zu verändern. Binnen anderthalb Jahren erfüllte er meine ganze Existenz, von innen nach außen. Ja, er erneuerte und veränderte mich dermaßen, daß auch meine Sichtweise sexueller Dinge sich wandelte. Er ermöglichte es mir, in einer Beziehung wirklich Gebender zu sein, ohne etwas zurückzuerwarten. Damals lernte ich den grundlegenden Unterschied zwischen Wenn-Liebe und Weil-Liebe einerseits und bedingungsloser Liebe auf der anderen Seite.

Ich glaube fest daran, daß das der erste Schritt zur Veränderung unseres Denkens und unseres ganzen Lebens ist: Christus an uns heranzulassen, auf daß er uns erneuere. Und wenn Du Dich dann in diesem Umwandlungsprozeß befindest, wenn Dein Leben eine

Baustelle des Herrn ist, halte ich es für ratsam, daß Du Dir in Deinem Umgang mit dem anderen Geschlecht ein wenig Disziplin auferlegst.

Ich bin der üblichen Studentensprüche, die ich immer wieder höre, so überdrüssig: „Wenn du mich liebst, tust du's mit mir!" Oder auch: „Ich kann eben nicht anders!" Wenn Du sowas hörst oder selber von Dir gibst, dann denk dran, daß das nichts anderes ist als Wenn- oder Weil-Liebe.

Ja, und dann gibt's natürlich den alten Spruch der Sprüche: „Aber alle tun es doch!" Was für ein Allerweltsgrund, etwas zu tun – nur weil irgend jemand anders es tut. Ich bin so froh darüber, daß Jesus Christus mir einen neuen Charakter geschenkt hat, der mich befähigt, der Versuchung aus dem Weg zu gehen, irgendwas zu tun, bloß weil's Mode ist oder sonst jemand es macht.

Wenn dann alles nicht mehr hilft, heißt es: „Bloß dieses eine Mal ..." Ich kann gar nicht mehr zählen, wie viele Jahre dauernde „Bloß-einmal"-Beziehungen ich beobachtet habe. All diese Sprüche und Ausreden gründen auf einem Billigmodell interessengeleiteter Liebe. Erneuerung des Denkens beginnt bei Jesus Christus und läuft darauf hinaus, daß wir unsere ausgeleierten Standard-Verhaltensmuster und klugen Sprüche gegen Beziehungen eintauschen, die von bedingungsloser Liebe getragen sind.

Wieso bis zur Ehe warten?

Immer wenn ich anfange, von erneuertem Denken und der Rolle Jesu Christi zu reden, steht irgend jemand auf und fragt: „Was soll'n daran jetzt das große Ding sein? Was hab ich davon, auf die richtige Zeit und die richtige Person zu warten? Wieso glaubst du, daß Gott Sex nur in der Ehe haben will? Was macht's denn aus, wenn man sich liebt und sich einander versprochen hat, bloß daß man sich den Trauschein noch nicht hat ausstellen lassen?"

Ich pflege dann so zu antworten: Gott ist der Erfinder unserer Sexualität, und er weiß eine Menge darüber zu sagen. Eines der Dinge, die er uns in der Bibel sagt, ist: „Flieht die Unzucht!" „Unzucht" ist das biblische Wort für vorehelichen Sex bzw. jede Form von Sex außerhalb der Ehe. Als ich diesen Begriff zum erstenmal hörte, noch bevor ich gläubig wurde, hat er mich fürchterlich aufgeregt, so als wollte ich sagen: „Was bildest du dir ein, Gott oder wer immer du bist?" Erst später entdeckte ich, daß er genau das ist: Gott.

Doch je mehr ich mich mit dieser Anweisung auseinandersetzte, je mehr ich mit jungen Leuten sprach und je mehr ich über die Heilige Schrift und meine eigenen Erfahrungen nachdachte, um so fester wurde meine Überzeugung, daß hinter jedem Verbot Gottes in der Bibel zwei positive Absichten stehen. Unterm Strich sagte Gott zu mir: „Wart's ab, Josh. Weil ich dich so sehr liebe, möchte ich dich beschützen und Vorsorge für dich treffen, so daß du mit deiner künftigen Frau eine Super-Beziehung haben kannst."

Trotzdem: wieso warten? Ich glaube, ein Grund ist, daß wir unsere Selbstbeherrschung entwickeln sollen – etwas, wovon wir alle ein bißchen mehr gebrauchen könnten. Auch *nachdem* Du verheiratet bist, wird es sehr oft so sein, daß Du keinen Sex haben kannst – sei es wegen Krankheit, Trennungszeiten oder gewissen Phasen von Schwangerschaften. Lernst Du Deinen Sexualtrieb vor der Ehe zu beherrschen, so wirst Du die Dinge in der Ehe im Griff haben. Jemand, der sich selbst beherrschen kann, investiert Vertrauenswürdigkeit in eine Beziehung hinein.

Weiß meine Frau, daß ich meinen Trieb vor der Ehe unter Kontrolle hatte, so wird sie volles Vertrauen zu mir haben - was ein ungeheures Kapital für unsere Beziehung ist –, daß ich es auch kann, wenn ich auf Reisen bin. Das hältst Du für kindisch? Mag sein, mag sein, aber für uns und unsere Ehe ist es gut. So wie Gott unsere Sexualität konstruiert hat, verlangt sie von uns, daß wir uns voll und ganz dem anderen anvertrauen, uns an ihn verlieren. Das wiederum setzt hundertprozentiges Vertrauen voraus. Sobald sich in eine Beziehung Mißtrauen einschleicht, stehst Du vor ungeheuren Problemen. Disziplin vor der Ehe ermöglicht später optimalen Sex und ein erfülltes Liebesleben.

Zurück zum Start

An dieser Stelle werden eine Menge Leute sagen: „Josh, ich möcht' schon warten, bis Sex zu haben wirklich dran ist und ich den richtigen Partner finde. Aber wie mache ich das?" Andere fügen hinzu: „Weißt du, ich hab schon sexuelle Beziehungen gehabt, aber von jetzt an will ich aufhören und warten. Bloß, wie erklär' ich das meinem Freund, wo wir doch bisher schon miteinander geschlafen haben?"

Ich bin der erste, der zugibt, daß es wirklich schwierig ist, wieder aufzuhören, nachdem man einmal angefangen hat. Schluß machen, wenn man sich erstmal an Sex gewöhnt hat, ist echt hart. Aber ich glaube, es ist notwendig. Und wenn meine Antwort auf diese Frage auch kurz und bündig ist, so verlange ich bestimmt nichts Einfaches. Ich schlage vor, daß Du Deinem Partner ohne Umschweife ein Nein sagst und ihm Deine Gründe erklärst. Besteht er (oder sie) auf seinem „Recht“, so liebt er Dich nicht wirklich. Was als Liebe daherkam, war in Wirklichkeit nur sexuelle Lust. Und dabei ist es völlig egal, ob ein Mann eine Frau oder eine Frau einen Mann in diesem Bereich bedrängt. Ich bin überzeugt, daß jeder, der auf einem Gebiet versucht, Dich zu Kompromissen mit Deinem Gewissen zu überreden oder zu drängen, es auch in anderen Lebensbereichen schaffen kann, ob es um Wahrheit und Lüge, um Betrügereien oder was auch immer geht. Und diese Art Mensch ist kein guter Ehekandidat. Denk daran, die Ehe ist der Ort, an dem optimaler Sex und gelingende Liebe ihren Platz haben. Ich würde nicht wollen, daß jemand, der in Gewissensdingen Kompromisse macht oder erzwingt, Vater oder Mutter meiner Kinder würde.

Ein paar praktische Vorschläge

Okay, wenn Du Dein Inneres positiv programmieren möchtest, sind die folgenden Tips richtig für Dich. Zur Erinnerung: zuallererst kommt es auf eine lebendige Beziehung zu Jesus Christus an, sodann darauf, daß Du achtgibst, auf welche Signale und Impulse aus Deiner Umgebung Du wie reagierst. Aber man kann noch mehr tun.

Vor mehr als 2700 Jahren schrieb der Verfasser der Sprüche über den Menschen: „Denn wie er in seinem Inneren denkt, so ist er.“ Der Punkt ist also: wohin Du Deine Gedanken richtest, bestimmt, wer Du bist. Gedanken bringen Haltungen hervor, Haltungen Taten und Taten Errungenschaften. 750 Jahre nach dem Sprüche-Schreiber fügte Paulus unter göttlicher Inspiration hinzu: „Paßt euch nicht den Maßstäben dieser Welt an. Laßt euch vielmehr von Gott umwandeln, *damit euer ganzes Denken erneuert wird.*" Auch hier also das Prinzip: was Du denkst, wirst Du sein. Der Weg zu neuem Handeln führt über die Erneuerung des Denkens.

Weiter oben haben wir die EDV-Formel „*Input* bestimmt *Output*" bedacht. Bringen wir das auf den Punkt: Achte darauf, was Du *liest.* Du weißt ja, was gut für Dich ist und was nicht. Gibt es eine bestimmte Zeitschrift oder ein Buch, das in Dir erotische Phantasien auslöst, so wäre es das beste, die Finger davonzulassen. Erotische Phantasien können unrealistische Erwartungen auslösen, die später im Eheleben vielleicht nie erfüllt werden.

Findest Du heraus, daß Filme, die Du Dir *anschaust,* oder bestimmte *Links* im Internet Dich allmählich (oder auch sehr rasch) von Deinen neugewonnenen Überzeugungen abbringen, dann solltest Du Dir überlegen, ob Du nicht damit aufhören willst, solches Material zu betrachten. Schließlich bist Du nicht taub. Du weißt genau, was Dich anmacht. Deshalb liegt die Entscheidung bei Dir selbst. Ich kann Dir nicht einen Satz eiserner Regeln geben, die genau auf Deine Erfordernisse zugeschnitten sind. Aber ich kann sagen: „Was einer denkt, das ist er." Und ich kann unmißverständlich bekräftigen, daß wir es alle nötig haben, von Jesus durch die Erneuerung unseres Denkens verwandelt zu werden.

Ein weiterer Bereich, in dem Du vielleicht Erneuerung brauchst und auf den es jedenfalls sehr ankommt, ist, was Du *redest.* Was Du sagst, hat fast ebensolche Auswirkungen auf Dich wie das, was Du denkst. Wenn Du ständig schmutzige Witze reißt, sexuell gefärbte Andeutungen machst oder ordinär daherredest, wird das Dich selbst und die, die um Dich herum sind, beeinflussen. Ich möchte auf keinen Fall sagen, es sei verkehrt, über Sex zu reden - aber es kommt darauf an, wie und in welchem Kontext das geschieht. Schwätzt Du lediglich der allgemeinen Auffassung nach, daß Sex ein lustiges Spielchen sei, ein harmloses Vergnügen für Erwachsene? Oder schwingen in dem, was Du sagst, Schönheit, Bedeutung und Wert der totalen Hingabe zwischen zwei Menschen mit und der Traum von optimalem Sex in einer optimalen Ehe?

Schließlich: achte darauf, mit wem Du wie *zusammen bist.* Hast Du erst einmal eine bestimmte körperliche Grenze überschritten, so wird das Umkehren sehr schwer sein. Also denke mit Deinem Partner vorher darüber nach, wieviel an sexueller Stimulation Ihr Euch erlauben wollt. Dabei kommt es auch auf die Umgebung an: Dein Denken mag noch so sehr erneuert sein - dennoch wäre es, wenn es Dir um die Reinheit im sexuellen Bereich zu tun ist, schiere Blödheit, sich nachts um eins zu zweit auf der plüschigen Liegefläche eines Wohnmobils zu räkeln und Musik zu hören.

Aber erhobene Zeigefinger sind natürlich nur die halbe Wahrheit. Du wirst die Bereiche Deines Inneren neu ausfüllen müssen, die Du entleert hast. Erneuerung beinhaltet eine neue Programmierung.

Der Psalmist hat einen Ratschlag bereit, der auch heute noch wahr ist: „Wodurch hält ein Jüngling seinen Pfad rein? Indem er sich bewahrt nach deinem

Wort." Ich glaube fest an die Wichtigkeit des *Bibelstudiums.* Dich mit Gottes Wort zu nähren, wird ein Bollwerk gegen all die Fehlprogrammierungen sein, die das System der Welt in Dich einzuspeisen versucht. (Konkret schlage ich Dir, falls Du Dich bisher noch nicht sonderlich mit Bibellektüre befaßt hast, vor, Dir eine moderne Bibelübersetzung wie z. B. die *Gute Nachricht Bibel* zu kaufen und mit dem Johannes-Evangelium im Neuen Testament zu beginnen. Erst wenn Du das ganze Neue Testament gelesen hast, solltest Du zum Alten Testament übergehen.) Du wirst sehen: In dem Maß, wie Du gehorsam auf das Wort Gottes eingehst, wird Dein Leben ungemein an Sinnhaftigkeit gewinnen, und ein guter Teil der Leere, die Du bislang mit Sex zu füllen versucht hast, wird mit Gottes eigener Liebe zu Dir voll werden. Das ist mit Erneuerung des Denkens gemeint. Denn schließlich ist Dein Gehirn Dein allerwichtigstes Sexualorgan.

6

Kann ich noch mal von vorne anfangen?

Wenn Du bis hierher gelesen hast, bist Du vermutlich zu einer von drei Auffassungen über das gelangt, was ich über Sex und Liebe gesagt habe. Entweder sagst Du: „Josh, du hast ganz recht. Ich bin voll deiner Meinung und hab sowieso schon versucht, so zu leben und zu lieben, wie du's beschreibst.“ Oder Du sagst: „Josh, du bist total bekloppt, du gehörst ins 18. Jahrhundert! Ich für meinen Teil will so leben, wie's im 20. Jahrhundert üblich ist.“

Dann gibt es andere, die sagen: „Irgendwie ist mir das alles neu, aber was du sagst, hört sich sinnvoll an. Mein Lebensstil ist dem, was du ausgeführt hast, nicht mal entfernt ähnlich. Manchmal hab ich mich bei meinen sexuellen Gewohnheiten schon ein bißchen unwohl gefühlt, von Zeit zu Zeit bin ich mir wie ein *loser* vorgekommen. Aber jetzt hab ich richtig Schuldgefühle. Ich will ein neues Leben anfangen. Ich will reinen Tisch machen, was das Sexuelle angeht. Ich hätte so gerne diese Liebe ohne Bedingungen, aber ich hab keine Ahnung, womit die Veränderung in meinem Leben beginnen kann."

Okay, diejenigen von Euch, die zur ersten Kategorie gehören, haben das Geheimnis der Liebe schon verstanden, und die von der zweiten Gruppe haben sowieso kein Interesse. Also möchte ich für eine Weile auf diejenigen eingehen, die so ähnlich geantwortet haben wie im dritten Beispiel. Laßt mich gleich zu Anfang sagen: es gibt total viel Hoffnung. Du *kannst* Dich verändern, kannst die Art von Leben haben, die Du Dir wünschst. Und zwar so:

Einige von Euch in „Gruppe 3" glauben noch nicht an Jesus Christus. Mit Euch möchte ich zuerst reden. Danach kommt Ihr anderen dran, die Ihr Euch zwar für Jesus entschieden, aber es irgendwie noch nicht so richtig gepackt habt. Ich habe Hunderte von Euch getroffen und von Tausenden gehört, die mit tiefen Schuldgefühlen ihres sexuellen Verhaltens wegen herumlaufen.

Der Startschuß zu einem neuen Lebensstil

Wenn Du jemand bist, der oder die noch keine persönliche Beziehung mit Jesus Christus hat, dann besteht die Antwort auf Deine Schuldgefühle nicht in einer langen Liste sexueller Tabus. Aber sie liegt auch nicht in Sprüchen wie „Freier Sex ist genau das Richtige für dich". Nein, der richtige Startschuß für Dich und jeden anderen fällt genau an der Stelle, wo ich selbst ihn 1959 hörte: da, wo Du Jesus Christus entdeckst. Das ist es, was Du brauchst: eine persönliche, lebensverändernde Begegnung mit der faszinierenden Person Jesus Christus. Bevor Du das Büchlein jetzt entrüstet zuklappst, laß Dir noch rasch zwei Gründe sagen, warum das so wichtig ist.

Der erste hat mit Vergebung zu tun, der Reinigung des Gewissens. Ich denke, daß einer der ersten Schritte hin zur Selbstbeherrschung im Bereich des Sexuellen (und übrigens auch in jedem anderen Lebensbereich) die Erfahrung von Vergebung und weggenommener Schuld ist. Vergebung ist Gottes Ding. Einer der Hauptgründe für Jesus, auf die Erde zu kommen, war sein Wunsch, den Menschen zu vergeben und ihr Gewissen zu reinigen. Deswegen sagt die Bibel: „Wenn eure Sünden rot wie Karmesin sind, wie Schnee sollen sie weiß werden." Das ist der Hauptfaktor, der Jesus am Kreuz sterben ließ: Er wollte Dir vergeben – Dir, mir und uns allen. Jeder von uns braucht Vergebung.

Der Direktor einer psychiatrischen Klinik sagte einmal bei einem Seminar, die Hälfte seiner Patienten könnte geheilt entlassen werden, wenn den Menschen Vergebung zugesprochen würde. Zu einem Vortrag Dr. Billy Grahams in Honolulu wurde einmal eine ganze Gruppe Psychiater entsandt, um das, was der Evangelist sagen würde, auseinanderzunehmen. Doch das einzige, worauf sich die Heilkundigen verständigen konnten, war, daß es psychologisch sehr wertvoll war, als Graham Menschen zur Buße rief und sie einlud, in Jesus Christus Gottes Vergebung zu empfangen – schließlich sei Vergebung genau das, was die Menschen bräuchten.

Weißt Du, warum Menschen sich schuldig *fühlen*? Weil sie schuldig *sind*. Die Bibel unterstreicht, daß wir alle gesündigt haben und gemessen an der Herrlichkeit Gottes zu kurz kommen. „Alle“ - da bist Du eingeschlossen und ich auch. Wenn Du aber gerade jetzt zu Jesus kommst und ihn bittest, Dein Herr und Erlöser zu werden - ihm also die Autorität einräumst, die Leitung Deines Lebens zu übernehmen -, dann wird Jesus Christus Dir auf der Stelle vergeben und Dein Gewissen rein machen.

Als ich das einmal einem Studenten sagte, erwiderte er: „Woher weißt du, daß Gott mir vergeben wird? Du weißt ja nicht einmal, was ich alles getan habe.“

Ich sagte: „Junge, mir ist egal, was du gemacht hast und was für'n Schurke du vielleicht warst. Gott liebt dich, und er wird dir vergeben und reinen Tisch machen.“

Woher ich das weiß? Woher ich diese Zuversicht nehme? Zuerst daraus, daß es so im Buch Gottes, der Bibel, steht. Und Gott lügt nicht. Ich habe unheimlich viele Gründe, seinem Wort zu trauen. Zweitens erinnere ich mich ganz genau an jenen Abend in der Universität, an dem ich selber Christus als meinen Herrn bekannte. An diesem Abend ging ich zu Bett und schlief wie ein Baby an der Mutterbrust. Und seitdem hat es keinen einzigen Abend mehr gegeben, an dem ich wegen Schuldgefühlen keinen Schlaf gefunden hätte.

Freiheit ohne Gebundenheiten

Der zweite Grund, aus dem ich es für wichtig halte, daß Du Dich Jesus Christus zuwendest, ist mit dem Wort „Freiheit“ umrissen. Und ich meine echte Freiheit. Jesus Christus hat die Macht, uns zu befreien. Denn schau, das Leben als Christ ist ein übernatürliches Leben. Laut der Bibel, nach meiner persönlichen Erfahrung und den Erfahrungen von Millionen von Christen zu allen Zeiten der Geschichte tritt der Heilige Geist in dem Moment, in dem jemand anfängt, Jesus zu glauben, auf übernatürliche Weise in das Leben dieses Menschen ein und fängt an, ihn von innen her zu verwandeln. Er macht Dein Leben buchstäblich zu einer Baustelle.

Und diese Freiheit, die Christus gibt, ist vollkommen verschieden von dem, was die Welt unter Freiheit versteht. Die Welt sagt uns, die Freiheit zum Sex liege in der Natur unserer Lust. Jesus sagt: Sexuelle Freiheit erwächst aus Selbstbeherrschung. Und mit Jesus *können* wir diesen Bereich unseres Lebens beherrschen. Solange wir das nämlich nicht können, sind wir niemals wirklich frei, sondern gebunden an unsere Leidenschaften.

Viele Leute müssen sich deshalb freiem Sex hingeben, weil ihnen anscheinend gar keine andere Wahl bleibt. Sie besitzen keinerlei Selbstkontrolle. Kommst Du aber zu Jesus und rufst ihn als Deinen Erlöser und Herrn an, so wird er Dir vergeben, Dich reinigen, Dein Leben erfüllen und Dein Inneres ebensosehr verändern wie das meine. Er wird Dir die Kraft geben, in den Bereichen Deines Lebens, wo das nötig ist, nein zu sagen, und ebenso ja, wo ein Ja gefordert ist.

Gut, jetzt habe ich Dir diese dynamische Beziehung zu Jesus Christus beschrieben, aber ich habe Dir noch nicht verraten, wie Du eine solche Beziehung zu ihm aufnehmen kannst. Vielleicht sagst Du ja: „Ich wußte gar nicht, daß Christsein mit einer Beziehung zu Jesus Christus zu tun hat. Aber ich würde gern eine solch persönliche Beziehung zu ihm haben. Ich hätte schon gern die Gewißheit, daß mir vergeben und mein Gewissen rein ist. Ich möchte mir gerne sicher sein, daß Jesus Christus in mir lebt."

Ich kann mich noch gut daran erinnern, wie es war, als ich so dachte, aber nicht wußte, was nun zu tun war. Dann kam ein Freund zu mir und sagte: „Josh, jetzt bete ich mit dir das Gebet, das ich damals gesprochen habe, als ich mich Jesus Christus anvertraute. Vielleicht hilft dir das, Gott auszudrücken, daß du auch gern an Jesus glauben möchtest." Und seitdem Jerry damals so für mich gebetet hat, hat mich tiefe Dankbarkeit ergriffen, so daß ich nichts lieber tue, als anderen denselben Dienst zu erweisen.

Also gebe ich jetzt Dir weiter, was Jerry damals mit mir betete. Du kannst es ruhig jetzt sofort nachbeten, da, wo Du gerade bist. Und während Du betest, denk an das, was Gott in Johannes 1,12 sagt: „Aber allen, die ihn aufnahmen und ihm Glauben schenkten, verlieh er das Recht, Kinder Gottes zu werden."

Und jetzt das Gebet, das ich damals sprach:

Herr Jesus, ich brauche dich. Vergib mir und mach mich rein. Hier und jetzt vertraue ich mich dir an als meinem Erlöser und Herrn. Bitte nimm den Thron meines Lebens ein und verändere mich von meinem Innersten her. Danke, daß ich dir vertrauen kann.

Amen.

Sicher nicht das Komplizierteste an Gebet, was Du Dir vorstellen kannst. Aber das Allerwichtigste. Mit diesem Gebet kannst Du in eine bleibende neue Beziehung zu Gott einsteigen.

Starthilfe

Wenn Du nun gerade dieses Gebet gesprochen hast, möchte ich Dir vorschlagen, heute abend, bevor Du zu Bett gehst, dreimal nacheinander des 3. Kapitel des Johannes-Evangeliums zu lesen. Bevor Du das tust, sprich noch mal ein Gebet, ungefähr so: „Gott, wenn du wirklich Gott bist und Christus dein Sohn, wenn das stimmt, was ich hier in diesem Buch lese, und wenn du auf die Bitte hin, die ich dir gesagt habe, tatsächlich in mein Leben gekommen bist und mir vergeben hast, dann gib mir bitte eine Bestätigung dafür. Hilf mir, daß ich innerlich weiß, es stimmt." Und dann lies Johannes 3 dreimal nacheinander. In den Tagen und Monaten, die folgen, achte einmal auf Veränderungen in Deinem Leben, und zwar auf zwei Sektoren: in bezug auf Deine Haltungen und Dein Handeln.

Wenn im innersten Zentrum Deines Wesens ein tiefgreifender Wandel eingetreten ist, ist es nur natürlich, daß sich das auf verschiedene Weise zeigen wird. Häufig ist es so, daß man auf der Stelle ein Empfinden inneren Friedens verspürt, wie man es nie zuvor kannte: Alle innere Unsicherheit weicht einer tiefen, ruhigen Geborgenheit. Bald wirst Du dann entdecken, daß Du auf die Umstände des Lebens verändert reagierst. Es mag sein, daß Dinge, die Dich immer erschreckt oder erzürnt haben, Dich plötzlich völlig kalt lassen. Vor allem wird Deine Umgebung an Dir eine selbstlosere Liebe entdecken als je zuvor.

Und sicher wird es noch andere Veränderungen in Deinen Lebenshaltungen und Taten geben, Veränderungen, die Gott Dir ganz individuell schenkt. Um Dein neues Leben richtig einordnen und begreifen zu können, solltest Du in Deiner Bibel das übrige Johannes-Evangelium lesen und Dich nach einer christlichen Gruppe umschauen, in der Du Gemeinschaft finden und mehr über Deinen neuen Glauben lernen kannst.

Auch Christen haben Probleme

Und jetzt kommen die Christen unter Euch Lesern dran - Ihr, die Ihr Jesus bereits in Euer Leben eingeladen habt. Das mag jetzt sonderbar klingen, aber es kann durchaus sein, daß Christen im Bereich sexueller Selbstbeherrschung mehr Probleme haben als Ungläubige. Wie schon gesagt, Sex umfaßt den körperlichen, den seelischen und den geistlichen Bereich unseres Lebens. Wenn nun also ein Christ und eine Christin sich nahekommen, dann werden sie zunächst ein starkes geistliches Band zwischen sich knüpfen. Und je mehr sie einander ihr Inneres aufschließen, um so nachhaltiger werden sie den Drang verspüren, sich auch körperlich nahe zu sein. Das ist die natürlichste Sache der Welt. Wenn die beiden sich darüber aber nicht im klaren sind, kann es zu einer verhängnisvollen, schwer zu beherrschenden Eigendynamik kommen.

Charlie Shedd, der über diese Thematik viel geschrieben hat, drückt es scherzhaft so aus: „Ich würde verliebten Pärchen nicht raten, miteinander zu beten; denn gutes Gebet führt zu gutem Sex.“ Und er hat ja recht: Mit dem richtigen Partner und in der richtigen Situation, sprich in der Ehe, ist Sex gut - ach was, großartig. Genau wie Gebet! Ich glaube fest daran, daß die sexuelle Bindung eines Paares um so stärker sein wird, je mehr die beiden geistlich verbunden sind.

Vor Monaten erschien in einer großen Zeitschrift eine Studie über religiöse Männer und Frauen, die zu dem Schluß kam, daß „religiöse Überzeugung viel zu einem guten Sexleben beiträgt". Die Verfasser fanden heraus, daß Menschen mit starken religiösen Bindungen mehr Spaß am Sex hatten als andere. Für meine Begriffe liegt der Hauptgrund für diese Parallele zwischen Glaubensintensität und Freude am Sex darin, daß Jesus uns klarmacht, welchen Wert ein Mensch hat. Wer an Jesus glaubt, benutzt andere Menschen nicht, sondern fragt sich zuerst, was er dem anderen *geben*, und nicht, was er von ihm *kriegen* kann. In der Ehe schafft diese Haltung des „Geben ist seliger als Nehmen" viele sexuelle Probleme aus der Welt. Vor der Ehe allerdings kann sie manche Schwierigkeiten noch ein wenig zuspitzen, einfach weil bedingungslose Liebe so liebenswert macht, daß die Anziehungskraft zwischen zwei Menschen fast unwiderstehlich werden kann, und zwar auch und gerade auf körperlichem Gebiet.

Wenn Du nun als Christ dasitzt und Dich über sexuelle Schuld grämst, die in Dein Leben gekommen ist, möchte ich Dir sagen, wie Du Dich für immer von dieser Schuld befreien kannst.

Der erste Schritt heißt Bekennen. Für einen Christen ist Vergebung genauso wichtig wie für einen Nichtchristen. Als Jesus Christus vor 2000 Jahren an jenem Kreuz starb, da starb er für jede Sünde, die Du je begangen hast oder je begehen wirst – in Vergangenheit, Gegenwart und Zukunft. „Wie jetzt", sagst Du vielleicht, „wie war das mit zukünftigen Sünden?" Denk nach: Vor 2000 Jahren waren alle Deine Sünden zukünftig. Dennoch starb Christus für sie.

„Aber wenn sie doch schon vergeben sind", fragst Du jetzt womöglich, „wieso soll ich sie dann noch bekennen?" Aus zwei Gründen, meine ich. Der erste ist, daß die Bibel es uns so sagt. Im 1. Johannesbrief schreibt der Apostel uns Christen: „Wenn wir unsere Sünden bekennen, ist er treu und gerecht, daß er uns die Sünden vergibt und uns reinigt von jeder Ungerechtigkeit."

Der zweite Grund ist ein persönlicher, pragmatischer. Ich ermutige Gläubige zum Bekennen, damit sie anfangen zu erleben, was sie bereits besitzen: Vergebung. So viele Christen laufen durch die Gegend, als wären sie nur auf Bewährung frei – dabei sind sie für alle Zeit und Ewigkeit unwiderruflich entlassen! Aber sie begreifen gar nicht, wo da der Unterschied liegt. Wenn Du auf Bewährung bist, mußt Du Dich regelmäßig mit Deinem Bewährungshelfer treffen. Dein Vergehen ist noch nicht gesühnt. Dein Leben unterliegt einer Reihe von Einschränkungen. Du führst ein Leben unter Überwachung und mußt ständig auf der Hut sein, daß Dir ja kein Fehler unterläuft. Wenn Du aber entlassen bist, bist Du rundum frei – ohne Beschränkungen, ohne Bewährungshelfer bzw. -aufseher: so, als wärst Du niemals mit dem Gesetz in Konflikt geraten. Dein Vergehen ist ungeschehen gemacht.

Um diesen Sachverhalt noch besser zu verstehen, sollten wir einen Blick auf das griechische Wort für „bekennen" werfen. Die Bibel wurde ja auf griechisch und hebräisch geschrieben, so daß es manchmal unumgänglich ist, wenn man eine Aussage authentisch verstehen will, herauszufinden, was die ursprünglich verwendeten Wörter eigentlich bedeuten. Das griechische Wort für „bekennen" oder „Bekenntnis" geht auf zwei Wurzeln zurück. Die eine meint „dasselbe" und die andere „sagen". Bekennen heißt also „dasselbe sagen" – nämlich genau das, was Gott über die Sünde sagt. Und was sagt er? Zweierlei: Sünde ist verkehrt, und Sünde ist vergeben. Wenn wir unsere Sünden bekennen, schreibt der Heilige Geist die Vergebung, die schon am Kreuz geschehen ist, uns zu, und wir beginnen zu spüren, was das heißt.

Deshalb ist das erste, wozu ich Christen mit sexuellen Problemen zu motivieren versuche, daß sie Gott ihre Sünden bekennen. Und als zweites ermutige ich sie, Jesus Christus in den Mittelpunkt ihres Sexlebens zu stellen. Was bedeutet das?

Jesus macht sich mehr Gedanken über Dein Sexleben als Du selbst. Mir ist klar, daß das einigen von Euch kaum in den Kopf will, aber es ist so. Jesus in den Mittelpunkt stellen bedeutet, ihm in jedem einzelnen Lebensbereich zu vertrauen. Es bedeutet, daß Du dem Heiligen Geist, der die Quelle Deiner Kraft ist, erlaubst, Dir die Kraft zum Neinsagen zu geben und Dein Leben total zu kontrollieren. Es bedeutet, daß Du Gott erlaubst, Dich in den Aufbau einer gepflegten christlichen Gedankenwelt in Sachen Sex hineinzuführen, so wie wir es in Kapitel 5 sahen. Wenn der Heilige Geist das tut, wirst Du vor der Ehe - in Selbstbeherrschung - und in der Ehe - in Freiheit - gut mit Deiner Sexualität zurechtkommen.

Vergebung auf drei Ebenen

Bis jetzt habe ich jeweils zu denen unter Euch Lesern gesprochen, die entweder Nichtchristen oder Christen sind. Jetzt soll es noch mal detaillierter um Vergebung gehen. Ich kenne viele Seelsorger, die der Meinung sind, Auslöser Nummer 1 für viele Probleme in den Bereichen Selbstannahme, Selbstwahrnehmung und Beziehungsfähigkeit sei ein Mangel an Vergebung, und zwar auf drei Ebenen: bezogen auf Gott, auf uns selbst und auf andere Menschen. Über Gottes Vergebung haben wir ja bereits gesprochen. Er verspricht, daß er uns vergibt. Jesus Christus hat den Preis für unsere Sünden bezahlt. Diese Vergebung ist eine sichere Sache, die wir erleben können. Gott sagt sie mir zu, und ich glaube daran, weil ich davon gelesen, gehört und sie persönlich erfahren habe. Das ist Ebene Nummer 1.

Auf der zweiten Ebene geht es um unsere Sicht von uns selber. Vielen Menschen fällt es total schwer, sich selbst zu vergeben. Sie empfinden, ihr Leben dermaßen verpfuscht zu haben, daß ihnen überhaupt niemand mehr vergeben kann. Was hat es damit auf sich? Wenn der Schöpfer des Universums sagt, Dir ist vergeben, wenn er alle Schuld aus Deiner Personenakte getilgt hat, dann *ist* Dir vergeben. Gott vergibt Dir – also tu Dir den Gefallen und vergib Dir selbst auch. Gott liebt Dich immer noch, nimmt Dich immer noch an. Er sagt: Dir ist vergeben.

Vielleicht hilft es Dir, es Dir schriftlich zu geben. Nimm einen Zettel und schreibe darauf: „Gott hat mir vergeben, und ich vergebe mir selbst. Gott hat mir ein neues, gereinigtes Leben geschenkt. Er liebt mich, und ich liebe mich auch." Wenn Du's geschrieben hast, lies es Dir laut vor. Denn was Du liest, hörst und sagst, *kann* und *wird* Dich berühren. Vergebung aufzuschreiben, sich vorzusagen und zu hören kann die Wahrheit so in Dein Inneres eindringen lassen, daß Du die Tatsache der Vergebung auch annehmen kannst. Vielleicht hast Du Lust nachzulesen, was die Bibel zu diesem Thema zu sagen hat. Dann schlag 1. Johannes 1,9; Psalm 103,12-13; Jesaja 43,25; Hebräer 10,16-18 und 1. Johannes 2,1-2 nach.

Die dritte Ebene hat mit den anderen Menschen zu tun. Hier gibt es zweierlei zu bedenken: Zum einen geht es darum, anderen zu vergeben - solchen, die Dich in Sachen Liebe und Sex oder auch in anderer Hinsicht verletzt oder mißbraucht haben. Wir besitzen nicht nur die Autorität zu vergeben, wir sind auch verantwortlich, es zu tun. Im Vaterunser beten wir ja doch: „... und vergib uns unsere Schuld, wie auch wir vergeben unseren Schuldigern." Weißt Du, was Du damit sagst? Du bittest Gott, mit Dir genauso liebevoll, großzügig und nachsichtig umzugehen, wie Du mit anderen liebevoll, großzügig und nachsichtig bist. Wenn wir so beten und trotzdem Unversöhnlichkeit in unseren Herzen bewahren, sind wir nichts anderes als fromme Heuchler.

Im Matthäus-Evangelium spricht Jesus über Vergebung. Als Petrus ihn fragt, wieviel Mal er jemandem vergeben soll, sagt Jesus: Nicht siebenmal, sondern siebzig mal siebenmal. Dabei geht es nicht um das mathematische Produkt von 490, es geht ums Prinzip: Vergib jemandem so lange, bis Du mit Zählen nicht mehr nachkommst.

In einem unversöhnlichen Herzen entsteht Bitterkeit, und je länger Du unversöhnlich bleibst, um so kräftiger wird diese „bittere Wurzel" in Deinem Inneren werden, bis sie Dich irgendwann völlig ausgehöhlt hat. Das wird Dich selbst ebenso zerstören wie Deine Beziehungen zu Deinen Mitmenschen.

Ganz sicher ist es so, daß manche von Euch zutiefst verletzt worden sind durch Menschen, die sich dann noch nicht mal die Mühe gemacht haben, zu Euch zu kommen und Euch um Verzeihung zu bitten. Und trotzdem möchte Gott, daß Du solchen Menschen vergibst. Nirgendwo sagt die Heilige Schrift: „Du brauchst den anderen nur vergeben, wenn sie zu dir kommen, sonst vergiß das mit der Vergebung." Wenn Du dem vergibst, der Dich nicht mal um Verzeihung gebeten hat, tust Du Dir einen größeren Gefallen als ihm. Das schafft in Deinem eigenen Leben reinen Tisch, so daß Du innerlich aufgeräumt weiterleben und -lieben kannst. Bitterkeit wird von Dir weichen, so daß Du Gottes überfließendes Leben genießen kannst.

Die andere Seite der Medaille

Das zweite, worum es bei der Vergebung im Verhältnis zu anderen geht, ist, Vergebung zu empfangen. Jesus hat gelehrt: wenn Du irgend etwas gegen Deinen Bruder oder Deine Schwester hast, sollst Du stehen- und liegenlassen, was Du gerade tust, um die Sache zu bereinigen. Wenn wir jemanden falsch behandelt haben, wird es in den meisten Fällen nötig sein, um Vergebung zu bitten und sie auch anzunehmen. Wenn ich „in den meisten Fällen" sage, dann denke ich daran, daß es einige wenige Situationen geben mag, in denen die Bitte um Vergebung alte Wunden wieder aufreißen würde. So wäre es z. B., wenn Du zu einer früheren Freundin gingest, die Du seit zwölf Jahren nicht gesehen hättest und die inzwischen längst glücklich verheiratet wäre, um irgendeine unschöne Szene wieder aus der Versenkung hervorzukramen, über die sie womöglich nicht einmal mit ihrem Ehemann je gesprochen hätte. Ich denke, in solchen Bereichen solltest Du für Deine Entscheidungen um die Weisheit des Heiligen Geistes bitten.

Vergebung ist wichtig. Vergebung ist biblisch. Ein paar der großen Figuren der Bibel waren Menschen, die Vergebung bitter nötig hatten. David, den Gott „einen Mann nach meinem Herzen“ nannte, beging Ehebruch mit Bathseba und ließ dann deren Gemahl in der Schlacht umbringen, so daß er selbst sie heiraten konnte. Sein Sündenbekenntnis vor Gott ist in dem wunderschönen 51. Psalm aufgeschrieben. Gott vergab ihm und fuhr fort, ihn zu gebrauchen und zu segnen.

Petrus, der Apostel, verleugnete Jesus in einem geschichtlichen Schlüsselmoment dreimal. Und doch vergab Gott ihm und machte ihn zu einer tragenden Säule des frühen Christentums. Der Apostel Paulus war vor seiner Bekehrung verantwortlich für den Tod Hunderter Christen. Doch Gott vergab ihm. Und das sind nur drei von vielen Beispielen, die wir in der Schrift finden. Vergeben ist Gottes Ding - und wir sollten seine Liebe und Gnade annehmen.

Zugegeben, auch wenn uns vergeben wurde, kann es sein, daß unsere früheren Sünden immer noch Spuren in unserem Leben hinterlassen. Wenn Du daran schuld warst, daß eine Frau schwanger wurde, und sie das Kind zur Adoption freigab, dann wirst Du immer mit dem Wissen leben müssen, daß es irgendwo da draußen ein Kind von Dir gibt, das Du nicht einmal kennst. Und wenn Du Deine Jungfräulichkeit vor so langer Zeit verloren hast, daß Du Dich nicht einmal mehr daran erinnern kannst, dann magst Du Dir immer wieder einmal Vorwürfe machen. Aber Jesus hat es auf wunderbare Weise drauf, sogar unsere Erinnerungen zu heilen, so daß die unabwendbaren Folgen früherer Sünden uns die Zukunft nicht mehr verbauen können.

R. C. Sproul, ein Freund von mir, der in der Gegend von Pittsburgh unter Studenten arbeitet, geht so weit zu sagen, es sei möglich, verlorene Jungfräulichkeit oder Reinheit zurückzugewinnen. Und ich stimme ihm zu, das geht wirklich. Selbstverständlich nicht physisch oder indem Du einfach die Uhr zurückdrehst, aber geistlich und psychisch geht das durchaus. Denn Gott sagt in seinem Wort, wenn er uns unsere Sünden vergibt, vergißt er sie zugleich. Er wirft sie ins Meer, wo es am tiefsten ist, und damit bist Du für ihn wieder rein, so als wäre nie etwas anderes gewesen. Weil das so ist, mußt Du Dich auch nicht mehr über die sexuellen Sünden Deiner Vergangenheit grämen, sondern bist jetzt frei, als ein neuer Mensch vorwärts zu gehen. Gott hat vergeben und vergessen.

Das ist ein weiterer großartiger Wesenszug Gottes: Er vergibt nicht nur, er vergißt! Er löscht alle negativen Eintragungen aus Deinem Register. Mit Recht darfst Du Dich frisch, neu und rein fühlen, wie besudelt Du auch immer in Deiner Vergangenheit gewesen sein magst. Was Du Dir jetzt neu vorgenommen hast, kann Wirklichkeit werden, weil Jesus Dich liebt und Dir unverdientes Wohlwollen entgegenbringt. Der Traum vom neuen Anfang kann tatsächlich wahr werden! Durch Bekenntnis Deiner Sünden und Christi Opfer am Kreuz kann der neue Start Deine Realität sein.

Okay, wenn wir jetzt einen neuen Anfang gewagt haben, müssen wir darüber sprechen, wohin der Weg von dort aus führen soll. Deshalb wollen wir in den folgenden zwei Kapiteln einen Blick aufs Verliebtsein werfen und darauf, wie man ein Paar wird.

7

Reagieren Männer anders als Frauen?

Erinnerst Du Dich noch an Dein erstes Rendezvous? Ich schon. Ich war so aufgeregt, daß ich mich schon um halb fünf Uhr nachmittags in die Badewanne setzte. Ich schnappte mir das Schaumbad meiner Schwester, ließ die Wanne bis zum Rand vollaufen und schrubbte buchstäblich jeden Quadratzentimeter meiner Haut. Klar, daß ein Schlips an den Hals mußte, was sich als ziemliche Affäre entpuppte. Ich brauchte eine geschlagene halbe Stunde, bis das Teil in etwa meinen Vorstellungen entsprach. Siebenmal verknotete ich das Gerät und machte es jedesmal wieder auf, weil es mir nicht perfekt genug aussah. Und dann die Haare! Jedes einzelne Härchen hatte absolut makellos zu liegen. Ich riß mir den Spiegel meiner Schwester unter den Nagel - den, den sie üblicherweise für die Pickelkontrolle in letzter Sekunde benutzte - und hielt ihn sorgfältig hinter meinen Kopf, damit mir auch ja kein wildes Haar entging, das es mit noch einem Schuß Pomade mehr zur Räson zu bringen galt.

Dann kam das Kölnisch-Wasser. Mann, das war fast das Allerwichtigste! Als ich es zum erstenmal benutzte, hatte ich keine Ahnung von der angemessenen Dosis. Ich hatte einen gestrengen älteren Bruder, der sich immer teure Duftwässerchen kaufte, und am Abend vor meinem ersten Rendezvous stahl ich mich getreu der Devise „Viel hilft viel" in sein Zimmer und schritt mit einer ganzen Kollektion seiner Fläschchen zu Werke. Als ich das Haus verließ, roch ich wie eine Parfumfabrik.

Beim erstenmal ging ich zu Fuß von meinem Elternhaus bis zu ihrem, um sie abzuholen. Ich war so nervös, daß ich dachte, ich müßte hinterm nächsten Busch kotzen. Vom Bürgersteig aus führte ein Fußweg zu ihrer Haustür. Dieser Weg sah so breit und so lang aus, und ich schlotterte dermaßen vor Angst, daß ich noch einmal um den ganzen Block lief, bevor ich es wagte, diesen schweren Weg in Angriff zu nehmen. Ich weiß noch, wie ich zur Tür ging und den Klingelknopf drückte. Da stand ich nun – fast durchweicht von Kölnisch-Wasser, jeden Moment im Begriff, hinter den nächsten Busch zu rennen, und mit der verzweifelten Hoffnung, daß niemand öffnen würde. Pustekuchen – es machte einer auf, und zwar ihr Vater.

„Hi, ich bin Josh", sagte ich schwächlich.

„Komm doch rein", erwiderte er. Womöglich war er genauso nervös wie ich, denn auch für seine Tochter war es die erste Verabredung mit einem Jungen. Zeigen tat er es jedenfalls nicht.

„Vielen Dank, Sir", sagte ich. Und dann saßen wir in tiefem Schweigen da, das nur dann und wann von kurzen Fragen und noch knapperen Antworten durchlöchert wurde.

„Wie läuft's denn so in der Schule, mein Junge?"

„Sehr gut, Sir."

„Was macht die Football-Mannschaft?"

„Na ja, könnte besser sein, Sir."

„Und dein Vater, wie geht's ihm?"

„Sehr gut, Sir."

Und dann kam sie herein. O Mann, sie stand der allerschönsten Frau, die ich jemals zu Gesicht bekommen hatte, in nichts nach. Sie mußte schon um halb vier angefangen haben, sich anzuhübschen!

Wir marschierten Richtung Kino. Es wurde nicht gerade der angenehmste Abend, den ich je erlebt habe, weil ich so fürchterlich nervös war, aber ich war stolz wie Oskar, als ich an der Kasse meinen Geldbeutel mit zehn Ein-Dollar-Scheinen drin aufmachte – ich hatte nämlich zehn Monate Vorschuß auf mein Taschengeld eingestrichen – und lässig wie Rockefeller in der Hand hielt, als enthalte er den ganzen Staatsschatz der USA.

Irgendwie fühlte ich mich verlegen, während ich so im Kino saß. Ich wußte nicht, ob man nun während des Films mit seinem Mädchen tuscheln sollte oder nicht. Vor Unsicherheit fing ich fürchterlich zu schwitzen an. Ich flüsterte ihr was in die Nase, die ich mit ihrem Ohr verwechselt hatte. Doch, es war ein denkwürdiger Abend.

Aber wir wissen alle: hast Du Deine erste Verabredung erstmal hinter Dir, dann verfügst Du schon über einen profunden Erfahrungsschatz und wirst viel lockerer. Die ganze Woche denkst Du an nichts anderes, als daß Du sie beim nächstenmal bei der Hand nehmen wirst. Und wenn Du am Sonnabend darauf an ihrer Haustür klingelst, nennst Du ihren Vater nicht mehr „Sir“, sondern „George“. Sobald Du dann wieder mit ihr vor der Leinwand sitzt, ziehst Du ’n richtig großen Coup durch: Du lehnst Dich so weit wie möglich nach hinten, stützt Deinen linken Fuß fest ab, schiebst Deine rechte Schulter ein wenig nach oben und legst ihr wie beiläufig den rechten Arm um die Schulter. Und dann hältst Du diese schrecklich unbequeme Position eisern aus und versuchst dennoch was vom Film mitzukriegen. Das geht zehn Minuten gut, aber dann fängt Dir die Schulter an wehzutun, erst oben am Halsansatz und dann langsam den Arm hinabkriechend, bis es so schmerzhaft ist, daß Du denkst, Du stirbst noch bevor der Film zu Ende ist.

Doch wie so die Zeit vergeht, ist das Arm-um-die-Schulter-Legen irgendwann keine so große Sache mehr, und es wird Zeit, zu Besserem fortzuschreiten. Also, was kommt dann?

Wenn man sich erst mal näherkommt ...

Solche Erinnerungen hat wohl jeder von uns. Ich kann ja nicht anders, als sie aus der männlichen Perspektive zu erzählen, aber ich bin sicher, daß Ihr Frauen da auch Eure eigenen Geschichten samt zugehörigen Gefühlen habt. Doch völlig egal, wo Du Dich mit Mädchen (oder Jungen) getroffen hast, mit wem Du Deine Verabredungen hattest und was Ihr zusammen gemacht habt, eines ist immer gleich: Es kommt zu körperlichen Annäherungen, Annäherungen, für die das gilt, was ich das Gesetz des schwindenden Widerstands nenne. Eine bestimmte Art körperlichen Kontakts stellt uns für eine Weile zufrieden, aber dann wird sie langweilig, und Du wünschst Dir ein bißchen mehr. Hast Du das gekriegt und Dich auch daran gewöhnt, dann muß es wieder ein Tick mehr sein, und so geht's weiter. Es wird immer ein wenig mehr: Du gehst ein Stückchen weiter und noch ein Stückchen - und bevor Du Dich versehen hast, bist Du zu weit vorgedrungen.

Sich verabreden ist vollkommen normal. Und weil in uns allen gottgegebene sinnliche Empfindungen sind, weil uns Berührungen und Zärtlichkeiten so viel geben, ist es auch natürlich, daß wir uns danach sehnen, die Hand auszustrecken und den anderen anzufassen. Aber im Miteinander-Gehen und Sich-Berühren liegen Gefahren. Und wenn wir Menschen sind, die Gottes guten Plan für ihr Leben verwirklicht sehen wollen, müssen wir uns bewußt sein, was mit uns geschieht, wenn wir dem Verlangen nach immer mehr körperlicher Nähe nachgeben, und müssen das Gesetz des schwindenden Widerstands kennen.

Immer wenn ich über fortschreitende Annäherung und schwindenden Widerstand rede, fragen mich die Leute: „Na schön, aber dann sag uns bitte: Wo ist ‚zu weit'? Wie weit können wir denn gehen? Darf ich sie an den Fingerknöcheln berühren, an den Handgelenken, am Ellbogen? Oder kann ich mich bis zu den Schultern vorwagen oder gar bis zu den ... - na ja, du weißt schon? Wie weit kann ich denn gehen?"

Viele Leute möchten von mir eine feste Regel hören. Doch jedem eine Regel vorzusetzen wäre mit das Verkehrteste, was ich tun könnte. Weißt Du, was passieren würde? Manche Leute würden bei nächster Gelegenheit Schritt für Schritt die Regel anwenden, direkt bis an ihre äußerste Grenze gehen und dann schauen, wie sie diese verschieben könnten. So sind wir nun mal.

Ganz bestimmt habt Ihr gemerkt, daß ich der festen Überzeugung bin, daß jeder für sich selbst eine Regel braucht. Und wahrscheinlich haben die meisten von Euch längst erraten, wo meine Grenze liegt. Wenn Du's Dir nicht denken kannst, schlag im Neuen Testament nach. Doch letzten Endes reduziert sich die ganze Chose auf eine Frage des Willens. Was sollen Dir die Liebe, das Leben, Sex und Ehe wirklich bringen? Diese Entscheidung wird bestimmen, wie weit Du gehst, was Du tust und was Du läßt. Und sobald Du Dir Deine eigene Regel gesetzt hast, solltest Du auf zwei Dinge ein scharfes Auge haben. Erstens: vergiß nie, daß es sehr schwer ist, mit etwas wieder aufzuhören, was Du schon zwei-, dreimal gemacht hast. Wenn Du den lange eingerosteten Motor erst mal am Laufen hast, ist es ein harter Entschluß, ihn wieder abzuschalten. Denk an das Gesetz des schwindenden Widerstands. Was Dich noch vor vier Wochen total angemacht hat, wird Dir heute abend eher zu brav vorkommen.

Sich selber Regeln setzen

Wenn Du Deine Beziehungen zum anderen Geschlecht erfolgreich gestalten willst, mußt Du Dein allerwichtigstes Sexualorgan, das Gehirn, mit dem füttern, was Du über das Miteinander-Gehen, das Prinzip der fortschreitenden Annäherung und das Gesetz des schwindenden Widerstands gelernt hast. Wobei ich mit „erfolgreich" ganz bestimmt nicht meine, daß Du es schaffst, Deine Freundin ins Bett zu kriegen. Was ich meine, ist, daß Du, wenn Du Dich verabredest, gute Erfahrungen machst, Erfahrungen, die Dir keine Schuldgefühle einbringen, sondern Dich mit Deiner

Freundin, Dir selbst, Gott und Deiner Zukunft zufrieden sein lassen.

Sich Regeln setzen bedingt, sich rechtzeitig in einer nicht sexuell stimulierenden Umgebung Zeit zu nehmen und in aller Ruhe darüber nachzudenken, was Dir die Ehe bedeutet. Es bedingt, sich klarzumachen, was der eigentliche Zweck des sexuellen Vorspiels ist, nämlich sich auf das Höchste und Letzte, den Geschlechtsverkehr, einzustellen. Es bedingt, daß Du den Abend des Rendezvous vorher so planst, daß er keinesfalls in einer kompromittierenden Situation, an einem Ort, wo Du lieber nicht sein solltest, enden kann. Es bedingt auch, daß Du Dich selbst und das andere Geschlecht verstehst. In dem Maße, wie Dein Verständnis wächst, werden auch Deine Regeln reifen.

Im fünften Kapitel haben wir über einige der sexuellen Unterschiede zwischen Männern und Frauen nachgedacht. Rufen wir uns ein paar der Schlüsse, die wir gezogen haben, nochmals in Erinnerung. Ein gewichtiger Unterschied bestand in dem, was Männer und Frauen jeweils anmacht. Denken wir an das, was Dr. Gerhard Dirks mir sagte: „Frauen werden in erster Linie durch Berührungen programmiert, Männer durch Bilder, die sie sehen." Ähnlich sieht es mein Freund Ken Poure, ein populärer Jugendredner aus Südkalifornien. Er sagt: „Brüste sind in unserer Welt das weibliche Sexsymbol schlechthin. Wenn also ein gutgebautes Mädchen ein T-Shirt trägt, auf dem genau in der richtigen Höhe steht: *Zwick mich, ich bin echt!*, dann wird kaum ein junger Mann cool bleiben können." Was nicht heißen soll, daß Frauen unbedingt „gutgebaut" sein oder T-Shirts mit zweideutigen Aufforderungen tragen müssen, um einen Burschen in Wallung zu bringen.

Ich glaube, die meisten Frauen wissen, was herausfordernd ist und was nicht. Sie wissen mit optischen Signalen im Gegenüber zum männlichen Geschlecht sehr bewußt umzugehen. Und weil das so ist, rate ich jedem Mädchen und jeder Frau, sehr gut darüber nachzudenken, was sie bei einem *date* mit einem männlichen Wesen tragen sollte und was nicht.

Ein junger Mann wiederum, der vermeiden möchte, daß in seiner Beziehung die körperliche Anziehungskraft überhandnimmt, sollte darauf achten, wo er seine Hände hat. Damit rede ich nicht einer Linie des rabiaten „Finger weg!" das Wort. Aber, Jungs, vergeßt nicht: Mädchen werden durch Berührungen angetörnt, und wenn Du Dich verantwortlich verhalten möchtest, solltest Du in diesem Bereich Vorsicht walten lassen.

Es gibt noch einen Unterschied im Bereich von Sex und Liebe. Aus meinen Gesprächserfahrungen sowohl mit Männern als auch mit Frauen weiß ich, daß das männliche Denken mehr von „Sex" beherrscht wird, das weibliche hingegen von „Liebe".

Dazu ein Beispiel aus dem Eheleben. Sagen wir mal, der Ehemann ist auf der Arbeit und sieht eine Frau in einem aufreizend engen Pullover. Sofort steht er in hellen Flammen, und all seine Gedanken drehen sich um SEX. Als er zum Cola-Automaten geht, hat er nichts als Sex im Kopf, bei der Frühstückspause kann er an nichts anderes denken, und mittags ist es auch nicht besser. Er kann es kaum noch abwarten, endlich nach Hause zu kommen und …

Auf dem Nachhauseweg überfährt er ein Rotlicht (!), und als er endlich ins Haus gestürzt ist, merkt er, daß seine Frau einen schlechten Tag hat. Sie hat das Garagentor kaputtgefahren und in sein bestes Hemd ein Loch gebügelt. Ihr sind ein Dutzend Eier runtergefallen, und sie hat Kopfschmerzen, die noch nicht mal die *Daily Soap* im Vorabendprogramm vertreiben kann. Sex ist das allerletzte, woran sie jetzt denkt. Und wenn der Ehemann es jetzt nicht versteht, geduldig und zärtlich zu sein und sein Feuer allmählich auf sie überspringen zu lassen, wird sich zwischen den beiden eine Spannung aufbauen. Was übrigens der Beweis dafür ist, daß es sich nach der Hochzeit auszahlt, vor der Ehe Selbstbeherrschung eingeübt zu haben.

Okay, jetzt stellen wir uns die Ehefrau in ähnlicher Lage vor. Sie ist bei der Arbeit und sieht einen muskulösen Mann in einem enganliegenden Pullover. Das bedeutet ihr nicht die Bohne. Aber vielleicht erinnert sie sich im Laufe des Tages an eine zärtliche Berührung ihres Gatten, und während sie die in ihrer Erinnerung noch einmal erlebt, fängt sie an, an Liebe zu denken. LIEBE! Liebe schwingt in ihrem Herzen, während sie zur Kaffeepause geht und vor dem Bildschirm sitzt. Sie kann den Feierabend kaum abwarten. Als es endlich Mittag ist, springt sie ins Auto und fährt nach Hause - bloß um zu sehen, daß ihr Mann einen schlechten Tag hat: Er hat den Pfannkuchenteig über den ganzen Küchenboden geschüttet, den er doch gerade frisch gewachst hatte, hat beim Bügeln ein Loch in ihren Rock gebrannt und vor lauter Frust den Türgriff vom Kühlschrank abgebrochen. Der Fernseher ist auch kaputt, so daß er seinen geliebten *Sport am Mittag* nicht sehen konnte. Sex ist das letzte, was er jetzt im Sinn hat. Aber seine Frau braucht ihm nur ein paar liebe, zärtliche Worte zu sagen - schon ist Papa startklar!

Ob Du's glaubst oder nicht, die beiden Szenen lehren uns eine doppelte Wahrheit: erstens, daß Männer sehen und Frauen berührt werden wollen, und zweitens, wie wichtig es ist, den Dingen die richtige Zeit zu geben. Männer scheinen die Fähigkeit zu haben, blitzschnell auf Touren zu kommen. Die sexuelle Kraft und Faszination einer Frau baut sich wesentlich langsamer auf.

Das ist unter zwei Gesichtspunkten wichtig: Frauen sollten wissen, wie die männliche Natur beschaffen ist. Einer Frau muß klar sein, daß ihr Mann häufig schon stark erregt sein wird, bevor sie selber überhaupt Lust verspürt. Was einem Mädchen als reine Unschuld erscheinen mag, kann einen Jungen unter Hochspannung setzen. Genauso sollte ein Mann wissen, daß eine Frau durch sanfte Berührungen und zärtliche Worte erregt werden kann - Dinge also, bei denen er selber sich unter Umständen nicht das geringste denkt. Ein paar liebe Worte, die Du Dir vielleicht in einem Roman von Sidney Sheldon angelesen hast, können sie mehr erregen, als Du es Dir träumen lassen würdest.

Zusammenfassend möchte ich sagen: der Sexualtrieb ist gut, geschaffen von Gott, damit ein Mann und eine Frau eine unvergleichliche Beziehung erleben können, die von gegenseitigem Vertrauen, Liebe und Hingabe getragen ist. Gehen wir aber mit unserer Sexualität verantwortungslos um, so entstehen Probleme. Ich bete, daß Du verstehst, was es mit dem Prinzip der fortschreitenden Annäherung, dem Gesetz des schwindenden Widerstands und den sexuellen Unterschieden zwischen Männern und Frauen auf sich hat, damit Du diese gottgegebene Gabe beherrschst, anstatt von ihr beherrscht zu werden.

Nun wollen wir noch mehr ins einzelne gehen, was das Miteinander-Gehen betrifft.

8

Mit-
einander
gehen -
Freude oder
Frust?

Nimm Dir mal einen Augenblick Ruhe und erinnere Dich an die Zeiten Deiner jungen Jahre, in denen Du die ersten Kontakte zum anderen Geschlecht pflegtest und Dein Dasein wirklich glücklich, befriedigend und sorglos war. Ich wette, die allerbesten Stunden hattest Du, wenn Du mit anderen Leuten, selbst älteren Erwachsenen, zusammen warst und Ihr gelacht, geredet und einfach ungezwungen Spaß gehabt habt. So wird es nicht unbedingt gewesen sein, wenn Du mit einem Mädchen/Jungen verabredet warst - und genau das ist der Punkt. Wenn man froh und unbeschwert miteinander gehen will, dürfen nicht die Suche nach dem erotischen Kick oder irgendwelche sinnlichen Spielchen im Mittelpunkt stehen. Eine Verabredung, an die man später gerne zurückdenkt, weil sie glücklich verlaufen ist, ist eine, bei der beide Beteiligten wirklich ungezwungen sie selber sein können.

Die allermeisten Reaktionen, die ich von jungen Männern und Frauen per Post oder in persönlichen Gesprächen erhalte, zeigen, daß ihre Erfahrungen von diesem Standard meilenweit entfernt sind. Sexuelle Fingerspielchen und erotische Anmache - also Pseudoliebe, die den anderen auszunutzen versucht - sind die Regel, nicht die Ausnahme. Kein Wunder, daß so viele Leute in ihren Kontakten zum anderen Geschlecht so viel Schmerz erleben. Wenn man mit jemandem geht, möchte man Spaß haben; und so kann es auch wirklich sein, wenn man versteht, was „miteinander gehen" heißt, und sich selber einige klare Ziele steckt.

Sich selber den richtigen Rahmen setzen

Mit das erste, was ein junger Mann oder eine junge Frau tun sollte, wenn er oder sie sich mit jemandem vom anderen Geschlecht verabredet, ist, sich klarzumachen, welche Zwecke er oder sie damit verfolgt. Sicher, es wird immer darum gehen, daß uns das andere Geschlecht schlicht und ergreifend unwiderstehlich anzieht. Trotzdem gibt es eine Menge Jungen und Mädchen, die in Wirklichkeit nicht darauf vorbereitet sind, mit jemandem zu gehen, weil sie nie ernsthaft darüber nachgedacht haben, wozu man sich trifft und welche Rolle solche Kontakte in ihrem Leben spielen sollen.

Jetzt kannst Du sagen: „Nun mach mal 'nen Punkt - verabreden tut sich ja wohl jeder! Das ist doch wohl das Allernatürlichste und -normalste auf der Welt, oder?" In der Tat, aber warum sollte man es tun - mal abgesehen von der schieren Anziehungskraft des anderen Geschlechts oder der Tatsache, daß es alle in Deiner Clique tun?

Einer der ganz vorne zu nennenden Gründe heißt Sozialisation. Während wir heranreifen, ist es notwendig, daß auch unsere sozialen Fähigkeiten - Beziehungen zu leben, kommunizieren zu können, andere zu verstehen - sich entwickeln. Mit jemandem zu gehen ist eine hervorragende Möglichkeit, mehr über uns selbst zu lernen und sich darin zu üben, die Bedürfnisse und Gefühle eines anderen Menschen wahrzunehmen und darauf angemessen zu reagieren. Gelingende Verabredungen in jungen Jahren bereiten Dich auf eine glückliche, wachsende und haltende Ehebeziehung vor. Andersherum brüten negative Erfahrungen aus der Verliebtheitsphase jene brüchigen, kurzlebigen Ehen aus, die uns allen nur allzu bekannt sind.

Der zweite Grund, sich mit Mädchen/Jungen zu treffen, liegt natürlich in dem Bedürfnis, einen festen Partner zu finden. Denn eines ist klar: Die Person, die Du einmal heiraten wirst, wird eine von denen sein, mit denen Du gegangen bist. Es gibt ja einen typischen Verlauf einer Liebesbeziehung: Erst trifft man sich gelegentlich, dann schließt man eine feste Freundschaft und trifft sich regelmäßig, schließlich verlobt man sich und heiratet. Von dieser Regel gibt es kaum Ausnahmen. Also, Verabredungen zu treffen ist ein Mittel, Deinen Geschmack auszuprägen und Deine Fähigkeit zu verbessern, diejenigen Charakter- und Persönlichkeitseigenschaften herauszufiltern, die am besten zu Deinen eigenen passen. Es ist die Chance zu überprüfen, ob der Typ Mensch, von dem Du *meinst*, er sei der richtige, um den Rest Deines Lebens mit ihm zu verbringen, das auch wirklich *ist*.

So weit, wie Du inzwischen das Geheimnis der Liebe begriffen hast, sollte es sich von selbst verstehen, daß es beim Miteinander-Gehen nicht um sexuelles Ausnutzen eines anderen, um das Erlernen erotischer Techniken oder das Erobern geht. Nichts macht eine wachsende Freundschaft, in der man sich im Gespräch einander immer mehr aufschließt, nachhaltiger kaputt als verfrühte körperliche Kontakte. In seinem Buch *Eros – Segen oder Fluch?* beschreibt John White, was mit der Beziehung eines jungen Paares passiert, das zu weit geht:

„... je mehr sie sich sexuell liebkosen, desto weniger werden sie miteinander reden. Und je weniger sie miteinander reden, desto mehr liebkosen sie sich. Immer wenn sie zusammen sind, wünschen sie allein zu sein. Wenn sie allein sind, wird ihr Blick starr und ihre Hände greifen nach Knöpfen und nacktem Fleisch. Ist das Freiheit? Kann dies ein guter Weg zu einer lebenslangen Bindung sein? Obwohl Sexualität dazu bestimmt ist, Kommunikation zu erleichtern und zu verbessern, wird Kommunikation paradoxerweise verhindert, wenn die Sexualität mißbraucht wird" (J. White, Eros - Segen oder Fluch? Der Christ und die sexuelle Sünde, Marburg 1979, S. 50 f.).

Du fragst, wie das kommt? Es hängt damit zusammen, wie Gott, der „Hersteller", den Menschen geschaffen hat. Als Gott den Menschen in seinem eigenen Bilde schuf, stattete er ihn mit dem vorrangigen Bedürfnis nach Austausch und Gemeinschaft mit seinem Schöpfer aus. Damit das funktionieren konnte, baute Gott dem Menschen in dessen Innerstem eine Sphäre geistlicher Kommunikation ein, eine Sensitivität für den geistlichen Raum und den übermächtigen Drang, sich darin zu bewegen. Dieser Drang ist ebenso stark und natürlich, wie es der sexuelle im physischen Raum ist. Kein anderes Lebewesen außer dem Menschen kennt diese geistliche Kommunikationssphäre, diesen Drang nach Gott.

Allzuoft jedoch verkennen wir die Bedeutung dieser geistlichen Existenzdimension, weil wir uns, arrogant wie wir sind, entschieden haben, Gott und seine Prinzipien links liegen zu lassen, und unseren Eigenwillen, unsere Wünsche und Bedürfnisse an seine Stelle setzen. Dabei kommt immer tiefe Zerrüttung und Entfremdung heraus. Das „geistliche Licht", das von der Schöpfung her in unserem innersten Seinszentrum brennen sollte, verlischt, und wir suchen im dunkeln tappend nach dem eigentlichen Sinn des Lebens. Die Geschichte der Menschheit in ihrem religiösen Suchen und Sehnen ist zur Genüge Ausdruck dieses ungeheuren Verlusts.

Daraus folgt mit zwingender Logik, daß es für einen Mann und eine Frau, die echte, unüberbietbare Einheit in ihrer Beziehung erleben wollen, unerläßlich ist, gerade auch auf der geistlichen Ebene intim miteinander zu kommunizieren. Das ist eines der Ziele jeder Ehebindung. Und da Miteinander-Gehen ein Prozeß der Vorbereitung auf die Ehe ist, muß auch hier die geistliche Dimension einen herausragenden Platz einnehmen. Ohne geistliche Einheit kann es niemals völlige, erfüllende sexuelle Einheit geben. Erinnere Dich: den Geschlechtsverkehr hat Gott sich als äußeren Ausdruck der inneren Einheit zweier Menschen gedacht.

Die Schnittstelle zweier Persönlichkeiten

Die zweite Ebene der Einheit zwischen einem Mann und einer Frau ist die seelische. Auch darüber haben wir schon gesprochen. Seelische Ebene, das meint das Zusammenkommen zweier Persönlichkeiten. Auf dieser Ebene entsteht eine Schnittstelle von Lebenshaltungen, Wertvorstellungen, Zielsetzungen, Vorlieben, Abneigungen, Veranlagungen - schlicht von alledem, was Dich interessant, liebenswert und unverwechselbar macht. Viele der Qualitäten, die Menschen in Beziehungen nach dem Weil-Liebe-Typ aneinander sehen, sind auf dieser seelischen Ebene angesiedelt, aber genauso jene unerwünschten, negativen Eigenschaften, die sich im Wesen eines jeden von uns verbergen - diejenigen Züge an uns, die nur durch bedingungslose Liebe zu überwinden sind.

Die Phase des Miteinander-Gehens als Vorläufer der Verlobungszeit ist der optimale Lebensabschnitt, in dem sich seelische Einheit parallel zur geistlichen zu entwickeln beginnen kann. Während zwei Menschen miteinander dem Eheversprechen entgegengehen, haben sie mehr denn je die Gelegenheit zu erproben, ob ihre Liebe zueinander wirklich bedingungslose Liebe ist, Liebe, die den anderen zwar realistisch sieht, aber sich entscheidet, auch die negativen Züge, die allmählich an ihm hervorzutreten beginnen, bewußt anzunehmen. Stellt man vorschnell Einheit auf der körperlichen Ebene her, so wird man diesen Prozeß des seelischen Wachstums in den Hintergrund drängen und überdecken.

Mit der körperlichen Ebene ist natürlich der dritte Bereich der Einheit zwischen einem Mann und einer Frau angesprochen, der im Geschlechtsverkehr ausgelebt wird. Geht Sex aus der geistlichen und seelischen Einheit zweier Menschen hervor, die zunächst hergestellt worden ist, so ist er wirklich das mehr als alles andere befriedigende, explosive und kreative Gemeinschaftserlebnis, das jeder sucht, aber nur wenige erfahren. Solcher Sex stellt echte sexuelle Freiheit dar. Aber es gibt keinen anderen Weg dahin als den hier beschriebenen. Ich darf noch einmal John White zitieren:

„Wir leben in einer Welt, wo alles einen Sinn oder eine Funktion hat. Man befreit einen Fisch nicht aus dem Meer (der arme Fisch! Er ist so eingeengt und nur aufs Wasser beschränkt!) oder einen Vogel von der Notwendigkeit zu fliegen. Vögel wurden geschaffen, um zu fliegen, und Fische, um zu schwimmen. Sie sind am freiesten, wenn sie das tun, wozu sie geschaffen wurden. In gleicher Weise wurde Ihr Körper nicht für vorehelichen Geschlechtsverkehr geschaffen und wird niemals wirklich frei sein, wenn Sie ihn praktizieren" (White, S. 50).

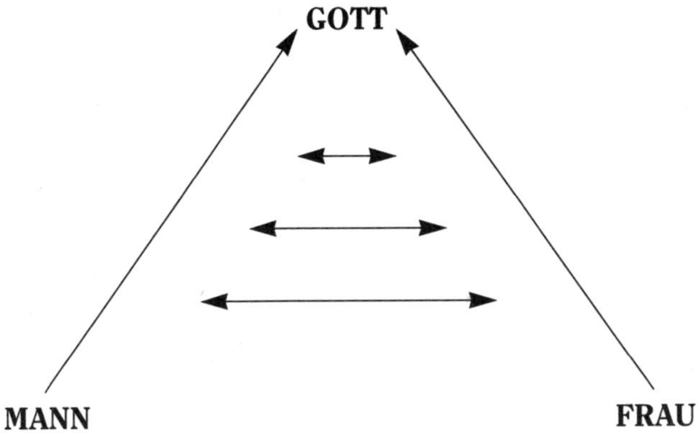

Wir können uns also den Prozeß des Miteinander-Gehens so vorstellen, wie es diese Skizze zeigt. Sie stellt das persönliche geistliche Wachstum der beiden Partner in den Mittelpunkt: Jeder von ihnen wächst durch

Kommunikation mit Gott immer mehr zu ihm hin. Und je mehr das geschieht, um so näher kommen sie sich gegenseitig - und zwar von ganz allein.

Wenn Du in Deinem Umgang mit dem anderen Geschlecht diese Erfahrung machst, wirst Du die zufriedenstellendste Beziehungsqualität erleben, die Du je gehabt hast. Ja, Du wirst Dich ein wenig vorsehen müssen, damit Du die euphorischen „geistlichen" Empfindungen, die Du plötzlich mit jemand anderem teilen wirst, nicht etwa mit wahrer „ehelicher" Liebe verwechselst. Beides *kann* zusammenfallen, es kann aber auch sein, daß es sich schlicht um Deine erste Begegnung mit einem Mann oder einer Frau handelt, die von der Qualität ist, die Gott sich eigentlich gedacht hat.

Verschiedene Rollen

Bevor wir noch konkreter auf einige Ratschläge kommen werden, die das Miteinander-Gehen gelingen lassen, sollten wir noch ein Grundprinzip betrachten, das Gott bei der Schöpfung in Männer und Frauen eingebaut hat. Er hat nämlich den Mann so geschaffen, daß er in der Ehe der geistliche Führer ist, die Frau hingegen als geistliche Herausforderin und Antwortende. Berufung des Mannes ist es, geistlich so voranzugehen, daß die Frau sich ihm mit ganzem Herzen anvertrauen kann. Diese beiden Rollen stehen nicht in Konkurrenz zueinander, sie ergänzen sich gegenseitig. Er hat Führung auszuüben, Führung, die von bedingungsloser Liebe gekennzeichnet ist. An ihr ist es, sich von dieser männlichen Führung so freisetzen zu lassen, daß sie glücklich, vernünftig und kreativ darauf reagiert. Und ganz im Gegensatz zu den Horrorvisionen, die dieses göttliche Konzept bei feministisch Denkenden auslöst, ermöglicht es beiden Partnern eine optimale Entwicklung ihrer kostbaren, einzigartigen Persönlichkeitsstruktur.

In einer festen Freundschaft kann ein junger Mann damit anfangen, seine gottgegebene Rolle als Initiator und Führer einzuüben und zu verstehen, und eine Frau kann lernen, auf einen Mann einzugehen. Und es liegt auf der Hand: haben die beiden sich entschlossen, sich sexuell ausschließlich ihrem ehelichen Lebenspartner zu öffnen und damit sexuell bedingte Spannungen aus ihrer Freundschaft herauszuhalten, so hat diese Freundschaft alle Chancen, frei, faszinierend und bereichernd zu sein.

Erstaunlicherweise scheinen selbst unsere „sexuell befreiten“ Zeitgenossen, die sich um nichts weniger scheren als um die geistliche Dimension des Lebens, zu entdecken, daß eine Freundschaft ohne sexuelle Spielchen ausgesprochen lohnend ist. So konnte man in der 1978er April-Nummer der Zeitschrift *Mademoiselle* einen Artikel lesen, in dem eine gewisse Blair Sabol freimütig von einem Gespräch mit einer Freundin berichtete, die ihr Erstaunen darüber ausdrückte, daß Blair nicht schon beim zweiten Treffen mit ihrem derzeitigen Freund ins Bett gegangen war. Blairs Kommentar:

„Ich war verblüfft. Da hatten wir nun einen für meinen Begriffe äußerst intimen Abend in vertraulichem Zwiegespräch erlebt, der mich weit mehr zufriedengestellt hatte, als wenn wir das Bett miteinander geteilt hätten. … Früher hätte auch ich einen solchen Abend als Fehlschlag abgebucht, weil ich der Meinung war,

Reden sei nur freundschaftliches Getue, wo man doch eine wirkliche Freundschaft nur mit seinem Hund haben könne. Aber zwischen Mann und Frau schlossen Freundschaft und Sex sich für meine Begriffe gegenseitig aus. ... Mich interessieren nur Männer, mit denen ich ... gute Gespräche führen kann. ... Womöglich ist mein Gehirn meine neue erogene Zone. Jedenfalls möchte ich jetzt mein Großhirn stimuliert haben."

Die Hauptsache, wenn man miteinander geht

Miteinander zu gehen macht Spaß, wenn dabei ein Klima entsteht, in dem zwei Menschen Freunde werden. Folglich ist es in der Regel kontraproduktiv, das erste Treffen miteinander im Kino zu verbringen; denn da sitzt Ihr zwei Stunden in einem abgedunkelten Raum nebeneinander und laßt Euch unterhalten, ohne daß Ihr selber kommuniziert. Kaum das Klima, in dem man sich gegenseitig kennenlernt, oder? Filme könnt Ihr später noch genug gucken.

Besser wäre es, ein Museum oder eine Ausstellung zu besuchen, in den Zoo zu gehen oder auch einen gemeinsamen Schaufensterbummel in der romantischen Altstadt zu unternehmen. Das gibt nämlich Gesprächsstoff die Fülle, und Ihr werdet entdecken, was dem anderen gefällt und sein bisheriges Leben geprägt hat. Ins Gespräch kommt Ihr bei solchen Aktivitäten ganz von allein, und zwar ohne Schweißausbrüche.

Eine der schönsten Verabredungen mit einem Mädchen, an die ich mich erinnern kann, bestand darin, daß wir gemeinsam über einen Friedhof spazierten. Wir liefen herum, lasen uns gegenseitig vor, was auf den alten Grabsteinen stand, und hatten eine Superzeit, die ich niemals vergessen werde. Nun fallen Dir vielleicht keine guten Möglichkeiten ein, Verabredungen sinnvoll zu füllen? Okay, ich gebe Dir ein paar Tips. Einige davon magst Du nicht gerade sehr originell finden. Andere regen vielleicht Deine Phantasie an. Es werden sowieso Deine eigenen Ideen sein, die bei Dir am besten funktionieren. Am empfehlenswertesten sind die Dinge, die Euch zwei ins Gespräch miteinander bringen, so daß Ihr Euch immer besser kennenlernt. Eine gute Verabredung ist diejenige, bei denen Du entdeckst, woran Ihr gemeinsam Spaß habt; denn bei Beschäftigungen, die Freude machen, werdet Ihr Euch am ehesten füreinander aufschließen. Nebenbei: die folgenden Ideen können auch Ehepaare anreizen, die ja hoffentlich niemals damit aufhören, sich zu „verabreden“.

Also:

- Spielt miteinander Gesellschaftsspiele oder legt Puzzles.
- Verabredet Euch zum Tischtennis, Squash, Skaten oder was auch immer.
- Geht segeln, surfen, schwimmen oder treibt andere Wassersportarten.
- Macht einen Spaziergang durch Eure Nachbarschaft, ein Einkaufszentrum oder eine Gegend Eurer Stadt, die Ihr noch nicht kennt.
- Erledigt Alltagsverrichtungen gemeinsam: einkaufen, Auto waschen …
- Sucht Euch ein paar Kinder aus einem sozialen Brennpunkt, einem Waisenhaus oder einfach aus der Nachbarschaft und ladet sie gemeinsam zu einem Ausflug, einem Picknick oder was auch immer ein. Bringt ihnen eine Sportart, die sie noch nicht

kennen, oder eine neue Basteltechnik bei. (Hierzu müßt Ihr Euch natürlich die Erlaubnis der Erziehungsberechtigten einholen!)

- Eßt bei ihr oder bei ihm zu Hause gemeinsam zu Abend.
- Beteiligt Euch gemeinsam an irgendeinem sozialen Projekt im Bereich Altenpflege, Dienst an Behinderten usw.
- Fahrt Rad, spielt Billard oder Minigolf.
- Macht einen Ausflug in ein Naturschutzgebiet oder einen Nationalpark in Eurer Nähe.
- Findet heraus, was Euch gemeinsam interessiert, worüber Ihr aber nicht Bescheid wißt, und dann geht für ein paar Stunden zusammen in die Stadtbibliothek und forscht nach, was Ihr über das betreffende Thema erarbeiten könnt.
- Stelle fest, was der andere besser kann als Du und Du gern von ihm lernen würdest (Sprachen, Hobby-Beschäftigungen, was auch immer), und dann wechselt Euch gegenseitig als „Lehrer und Schüler" ab.
- Stellt fest, ob man in Eurer Gegend Betriebe besichtigen kann, und schaut Euch an, was und wie man dort arbeitet.
- Bastelt miteinander: Weihnachtsgeschenke sind hier die beste Gelegenheit.
- Macht zusammen eine Photoserie. Ihr könntet z. B. in Eurem Umfeld alte Häuser, Haustüren, spielende Kinder, seltene Fahrzeuge, alte Menschen, Bleiglasfenster oder ungewöhnliche Schilder photographieren.
- Bastelt Euch einen Drachen und laßt ihn gemeinsam fliegen.
- Macht einen Spaziergang im Regen.

- Denkt Euch eine Umfrage aus, schnappt Euer Aufnahmegerät und interviewt Leute in der Fußgängerzone - nur so zum Spaß (aber nicht aus Nonsense!).
- Verbringt einen Sonnabend damit, in Eurer Umgebung das Leben akustisch aufzuzeichnen.
- Plant zusammen eine Party und ladet jeder ein paar von Euren Freunden dazu ein.
- Startet eine gemeinsame Sammelleidenschaft.
- Kramt Eure Familienalben hervor und macht Euch mit den „Wurzeln" des anderen vertraut.
- Besucht zusammen Gottesdienste und andere Gemeindeveranstaltungen.
- Fahrt mit dem Zug in eine Nachbarstadt und geht zusammen essen.
- Kauft Euch eine Netzkarte Eurer Nahverkehrsgesellschaft und fahrt einen Tag lang die ganze Gegend ab.
- Besucht ein Musical, ein Konzert, eine Theateraufführung oder eine Versteigerung.

Das ist natürlich nur eine kleine Auswahl von Aktivitäten, die es ungemein spannend machen können, miteinander zu gehen. Denkt über weitere nach, informiert Euch, was alles in Eurer Gegend läuft - und Ihr werdet entdecken: auch Eurer Kreativität sind keine Grenzen gesetzt. Aber eines gilt immer: Die besten Ideen sind die eigenen.

Probleme überwinden

Jetzt ist es an der Zeit, ein wenig über typische Probleme und Unannehmlichkeiten von gegengeschlechtlichen Freundschaften zu reden. Zum Beispiel habe ich unter christlichen jungen Leuten eine Menge Männer und Frauen gefunden, die sich darüber beklagten, ihr Freund oder ihre Freundin vergeistliche alles und jedes, um sich auch ja fromm zu geben und die Dinge unter Kontrolle zu halten. Schön und gut, was die Motive angeht - aber Einseitigkeit ist niemals hilfreich. Klar, wenn Gottes Geist in Dir lebt und Jesus Dir wichtig ist, ist es die allernatürlichste Sache, über den Glauben auch zu reden. Aber wenn Du mit Deinem Freund oder Deiner Freundin über gar nichts anderes mehr reden kannst oder magst, ist das ganz sicher nicht natürlich.

Viele Pärchen haben die Erfahrung gemacht, daß es ihnen viel bringt, zu Beginn oder am Ende eines Treffens eine kurze Gebetsgemeinschaft zu haben. Und auf jeden Fall sollten beiderseitige geistliche Interessen, Berufungen oder Zielsetzungen eine wichtige Rolle in der Zeit spielen, die Ihr zusammen verbringt. Schließlich gibt es im Leben nichts Wichtigeres als das, worüber die Bibel spricht.

Ein weiteres wichtiges Thema, vor allem wenn Du anfängst, Dich mit jemandem regelmäßig zu treffen, ist, daß Du ihn oder sie in Deine Familie und Deinen engsten Freundeskreis einführst. Denn sobald sich die Beziehung Richtung Ehe entwickelt, mußt Du wissen, daß Du ja nicht bloß Deinen Freund oder Deine Freundin heiratest, sondern auch ein Teil seiner oder ihrer Familie wirst. Solltest Du Dich in ihr nicht wohlfühlen, so ist es besser, das rechtzeitig zu bemerken und abzuklären, bevor Du eine feste Bindung konkret ins Auge faßt. Jemanden in seinem Verhältnis zu seinen engsten Angehörigen zu beobachten, wird Dir eine Menge darüber sagen, wie er oder sie mit engen Beziehungen und auch Beziehungskonflikten umgeht. Was Du dabei lernst, kann Dir später eine Menge Kummer ersparen.

Jetzt noch ein anderer Vorschlag, der vor allem dann für Dich interessant sein könnte, wenn Du zwar nicht vorhast, jetzt schon eine feste Beziehung einzugehen, oder es Dir an Gelegenheit zu Verabredungen fehlt, Du aber trotzdem mehr Freunde vom anderen Geschlecht haben möchtest. Bist Du ein Mädchen, dann tu Dich mit ein paar Freundinnen zusammen und plane eine Party oder auch ein Picknick am Nachmittag. Dazu ladet Ihr vier bis fünf Jungen ein. Übrigens können Jungen das umgekehrt genauso machen. Wichtig ist: achtet immer auf eine ungerade bzw. unparitätische Zahl, damit es nicht automatisch zu Pärchenbildungen kommen kann, die die Atmosphäre eines solchen Unternehmens mit Spannungen aufladen würden. Ihr wollt ja einfach ein bißchen Spaß zusammen haben und sonst nichts.

Eine der Eigenschaften unserer postmodernen Kultur besteht darin, daß alles möglich ist. Das kann uns in Schwierigkeiten stürzen, aber es kann auch manches leichter machen. So haben es Frauen heute viel leichter als noch vor ein, zwei Generationen, von sich aus die Initiative zum Aufbau einer gegengeschlechtlichen Freundschaft zu ergreifen. Und das ist, im richtigen Rahmen, etwas wirklich Gutes. Auch was die Kosten anbetrifft, die bei gemeinsamen Unternehmungen anfallen, brauchen wir Männer nicht mehr gemäß dem alten Macho-Image ganz allein geradezustehen. Wir alle müssen nicht mehr so wie noch unsere Eltern auf Rollenklischees achten, sondern können uns bewußt und auch unkonventionell auf den Menschen einstellen, mit dem wir gerade zusammen sind. Das erleichtert das Anknüpfen und Pflegen von Freundschaften ungemein.

Eine aufrüttelnde Erkenntnis

Bevor ich Christ wurde, war ich nicht etwa ein derber Typ (obwohl ein paar Frauen mich „Krake“ nannten), aber ich wußte, was ich wollte. Nachdem ich Christ geworden war, ging ich mit einem gläubigen Mädchen, und nachdem wir uns sechs-, siebenmal getroffen hatten, fand ich es an der Zeit, ein bißchen mehr von der Beziehung zu haben. Also forderte ich sie ein bißchen heraus – und sie sagte nein. Ich dachte, sie nimmt mich auf den Arm, also versuchte ich's noch mal. Aber wieder war ihre Antwort ein Nein.

O Mann, das brachte mich in Wallung, denn ich war es nicht gewohnt, daß Leute mir einen Korb gaben. Also sagte ich ihr: „Was glaubst du eigentlich, wer du bist?“

Und sie sagte: „Ja, was um alles in der Welt denkst du denn, wer *du* bist?!“

Und genau an der Stelle begann ich von dieser befreiten christlichen Frau eine Lektion zu lernen.

Während ich in meiner Beziehung zu Christus heranreifte, fing ich an zu begreifen, daß meine Freundin in allererster Linie meine Schwester im Herrn war. Und eine Menge Sachen, die ich gewöhnlich mit einem Mädchen machte, mit dem ich ging, würde ich niemals mit meiner Schwester tun. Siehe da, es dauerte gar nicht lange, und aus dieser Einsicht entwickelte sich eine Haltung, in der mein erster Gedanke stets war, wie ich die Frau aufbauen konnte, mit der ich mich traf. Wie konnte ich es anstellen, daß die Zeit, die wir zusammen hatten, *ihr* was brachte? Und ich kann Euch sagen, Euch Männern und Frauen, wenn Ihr in dieser Haltung mit jemandem zusammen seid, wird es eine aufregende Sache werden und mehr Spaß machen, als Ihr Euch jemals vorstellen konntet.

Eine gute Verabredung ist vorher bedacht und geplant - von Anfang bis Ende. Und die ganze Geschichte wird eine reine Freude sein, wenn Du den anderen so behandelst, wie Du möchest, daß der Mensch behandelt wird, den Du einmal heiraten wirst. Mehr Liebe kannst Du Deinem jetzigen Freund / Deiner Freundin und auch seinem oder ihrem späteren Ehepartner gar nicht erweisen. Und dabei tust Du Dir selbst einen enormen Gefallen. Du wirst nämlich lernen, besser mit Gottes bedingungsloser Liebe umzugehen. Deine Persönlichkeit wird sich positiv entwickeln, und Du wirst im Laufe der Zeit zu jemandem werden, dem Gott gerne einen seiner geliebten Söhne oder eine seiner kostbaren Töchter für eine lebenslange Ehepartnerschaft anvertraut.

Ob diese Aussicht es nicht wert ist, diszipliniert zu leben und zu seinen Vorsätzen zu stehen? Ist das nicht Lohn genug, um sich Mühe zu geben und sich in Geduld zu üben? Überschlagen wir die Kosten.

9

Lohnt es die Mühe?

In einer Talkshow wurde ein bekannter Schauspieler, der oft in Liebesfilmen aufgetreten war, interviewt. Der Gastgeber fragte ihn, was seiner Meinung nach einen „guten Liebhaber“ ausmache. Die Antwort des Filmstars war ebenso überraschend wie richtig. „Ein guter Liebhaber“, sagte er, „ist jemand, der eine einzige Frau ein ganzes Leben lang zufrieden machen kann und umgekehrt sein ganzes Leben lang mit einer einzigen Frau zufrieden ist. Ein guter Liebhaber ist nicht einer, der die Frauen wechselt wie das Hemd. Das kann jeder Straßenköter auch.“

Es sollte inzwischen hinreichend deutlich geworden sein, daß ich glaube, das Geheimnis der Liebe liegt darin, daß wir mehr als alles andere Gottes bedingungslose Liebe besitzen und weitergeben. In zweiter Linie besteht es darin, im Prozeß des Kennenlernens des anderen Geschlechts (miteinander gehen) zu einer reifen Persönlichkeit heranzuwachsen, so daß Gott Dich im richtigen Moment und durch die richtige Beziehung mit der richtigen Person zusammenbringen kann – der Person, die Dich wie keine andere zu ergänzen vermag. Und schließlich besteht das Geheimnis der Liebe darin, eine intime partnerschaftliche Gemeinschaft im Schutzraum der Ehe aufzubauen, in der Du mit dem Gegenüber, das Gott Dir schenkt, auch den Inbegriff Eurer facettenreichen Liebe genießen kannst: das geschlechtliche Miteinander.

Klingt ganz einfach, oder? Das ist das Ziel, und das sind die Spielregeln. Genauso sollten wir's machen. Bloß: warum in aller Welt ist etwas so Einfaches, Geradliniges und Attraktives im wirklichen Leben so ungeheuer schwierig? Wieso kommt man auf dem Weg zu diesem Ziel an so viel Beziehungsmüll vorbei, den Leute hinterließen, die es nicht geschafft haben? Und warum sind so viele auf Abwege geraten?

Vier Gründe des Scheiterns

Dafür gibt es viele wichtige Gründe – vier davon wollen wir miteinander anschauen.

Der erste Grund ist *Abstumpfung*. Viele Leute gehen mit Liebe und Sex gedankenlos, dämlich und dumpf um, tapern blind in irgendwelche Verwicklungen hinein, ohne auch nur einen Gedanken an die Konsequenzen zu verschwenden. Bevor sie merken, was eigentlich gespielt wird, sitzen sie schon in der Patsche.

Vor kurzem las ich eine wissenschaftliche Untersuchung über Erdbeben. Der Titel hatte mein Interesse geweckt: *Wer sein Haus auf eine Erdspalte baut, ist selber schuld.* Logisch: wer sich dumm verhält, braucht sich nicht zu wundern, wenn er irgendwann auf der Nase liegt.

Bringen wir nicht schon den kleinen Kindern bei: wer mit Feuer spielt, wird sich verbrennen? Wer vor ein Auto läuft, wird totgefahren. Und im Bereich von Liebe und Sex ist es nicht anders. Denken wir nicht richtig nach, gründen wir unser Leben auf Prinzipien, die nicht wahr sind, und tun wir den Funktionen und Zwecken Gewalt an, die Gott mit Sex verbunden hat, dann werden wir die entsprechenden Früchte ernten. Früchte wie Schmerzen, Verletzungen und eine beschädigte, wenn nicht ruinierte Beziehung. Stumpfsinn entschuldigt nichts. Gott hat jedem von uns einen Kopf gegeben samt der Fähigkeit, ihn zu benutzen. Es ist nun mal gefährlich, sich achtlos und gleichgültig in die spannungsgeladene Arena der Sexualität zu begeben, indem man sich von nichts als seinen eigenen Hormonen bestimmen läßt. Es ist dumm. Wer aus freien Stücken in einen Sumpf hineinmarschiert, muß sich nicht wundern, wenn er darin zu versinken beginnt und sich nicht herausretten kann.

Grund Nummer 2 ist *Willkür.* Es gibt eine Menge Leute, die sich einbilden, die Schlauesten von allen zu sein. „Blöd? Ich doch nicht!" Solche Leute wissen durchaus, was Gottes Spielregeln sind, entscheiden sich aber willentlich, ihren eigenen Wünschen nachzugeben. Die Konsequenzen tragen? Dafür sind solche Typen viel zu gewitzt! Das meinen sie jedenfalls. Klar wissen sie, was die Bibel sagt, sowohl im Positiven als auch im Negativen, aber Mister Oberschlau hält sich schon für einen Sonderfall, der sich aus der Masse abhebt. Schwierigkeiten – die kriegen immer bloß die anderen, die's eben nicht richtig drauf haben. „Mir passiert das nicht, ich weiß, wie's abgeht. Verletzt werden? Ich doch nicht! Aids? Passiert *mir* doch nicht! Die Zukunft verbauen - bin ich bescheuert? 'n Mädchen schwängern? Ich hab doch *Bravo* gelesen! Ich bin cool und souverän, an mich reicht keiner heran. Ich weiß, wie man zündelt, ohne sich anzukokeln!"

Gut und schön - es gibt nur ein Problem: Das funktioniert nie. Noch so viel Wunschdenken ist nicht in der Lage, die Prinzipien und Prioritäten zu verändern, die Gott Dir und mir einprogrammiert hat. Die Folgen dieser Regeln sind so gewiß wie die Realität des Triebs, den man mit ihrer Überschreitung zu befriedigen versucht. Unbestritten, daß Du das Gefühl haben kannst, alles klappt prima - für eine Weile. Unterm Strich aber kommen immer Katastrophen heraus, wenn wir uns willentlich gegen Gottes Regeln entscheiden. Ohne Ausnahme!

Es gibt einen dritten Grund: *Ablenkungen*, verbunden mit *mangelndem Unterscheidungsvermögen*. Wie schon in Kapitel 2 besprochen, ist unser öffentliches Klima durch und durch sexualisiert: Rund um die Uhr werden wir mit sexuellen Reizen im Übermaß bombardiert. Manche davon mögen uns kalt lassen, andere dafür ganz und gar nicht. Doch wie unverblümt oder subtil diese sexuell gefärbten Stimuli auch an uns herantreten mögen, ihre Botschaft ist immer dieselbe: „Du hast einen Anspruch auf sexuelle Erfüllung. Tu, was dir gut tut! Niemand hat das Recht, es dir zu verbieten, auch Gott nicht!"

Jemand hat für dieses Klima die Bezeichnung „Jahrzehnt des Ego" geprägt. Es geht immer nur um *mich*: *meine* Bedürfnisse, *meine* Wünsche. Auch vom „Zeitalter des Narzißmus" hat man gesprochen. Dieser

Begriff stammt aus der griechischen Mythologie: Ein junger Mann namens Narzissos verliebte sich so haltlos in sein eigenes Spiegelbild auf einer Wasseroberfläche, daß er nicht anders konnte, als es unentwegt anzustarren. Er vergaß sogar das Essen und Trinken und starrte sich an, bis er verdurstet war. Genauso leben viele von uns heute auch. Wir sind so sehr von uns selbst eingenommen, daß wir gar nicht merken, wie wir sterben, anstatt zu leben.

Diese Zeitströmung des Narzißmus produziert Ich-Botschaften am Fließband. Die Medien sind überschwemmt von Anleitungen zur sexuellen Selbsthilfe; selbst krankhafte Abartigkeiten werden als Therapien zum Lebensgenuß verkauft. Im Kern geht es immer um ein und dasselbe: „Wenn es für dich gut ist, dann mach es! Du bist niemandem Rechenschaft schuldig außer dir selbst."

Nun können wir uns nicht aus unserer Kultur herauslösen; um so wichtiger ist es, daß wir Unterscheidungsvermögen entwickeln. Dazu kann es hilfreich sein, all den verlogenen Negativ-Botschaften, die an uns herankommen, die positiven aus dem Wort Gottes entgegenzusetzen.

Ein Freund von mir schreibt Filmkritiken. Während des letzten halben Jahres wurde ihm immer mehr bewußt, welchen subtilen Einfluß die weltlichen Ansichten, die ihm in den Hollywood-Streifen vermittelt werden, auf sein Denken und seine Wertmaßstäbe ausüben. Sicher, als Christ wirft er auf Pornofilme gar nicht erst einen Blick, aber ihm ist klar, daß die Welt allgemein sehr permissiv mit sexuellen Themen umgeht. Und er hat eingesehen: wenn er weiter siebzig Filme pro Jahr rezensieren will, muß er proportional ebensoviel Zeit mit zusätzlichem Bibelstudium und in christlicher Gemeinschaft verbringen. Es kommt auf die Ausgewogenheit an. Wenn wir das „Zeitalter des Ego“ in sexueller Reinheit überstehen wollen, müssen wir unsere Gedanken mit dem füllen, was gut und wahr ist.

Der vierte wesentliche Grund, der Menschen auf Abwege geraten läßt, ist *Begierde* und *Disziplinlosigkeit*. Es mag sein, daß hier die Hauptursache fürs Abweichen vom Weg Gottes zu suchen ist: Die Früchte des Wartens scheinen in so weiter Ferne zu liegen, während das Vergnügen, das sich bietet, wenn man's nicht so genau nimmt, so greifbar ist. Sagen wir es geradeheraus: Auch außerhalb der Ehe kann Sex Spaß machen: das leidenschaftliche Vorspiel, der explosive Höhepunkt, das Gefühl, Deinen Partner zu erobern oder zu beherrschen. Mir sind auch Paare begegnet, die in vollem Ernst davon überzeugt sind, einander bedingungslos zu lieben, und wirklich einander treu sind – aber außerhalb der Ehe. Dennoch ist meine Überzeugung, nachdem ich mit Tausenden solcher jungen Leute gesprochen und die Bibel daraufhin studiert habe, daß uneheliche Partnerschaften auf lange Sicht nachteilige Folgen haben werden. Ob es Schuldgefühle oder Gewissensbisse sind oder einfach abgrundtiefe Traurigkeit, die nach dem Bruch einer Beziehung zu einem solchen „treu hingegebenen“ Partner übrigbleibt – auf lange Sicht können die Früchte von Sex außerhalb der Ehe sich niemals mit dem Reichtum messen, den wir im Rahmen ehelicher Liebe genießen dürfen.

Das Problem ist, daß Warten Selbstdisziplin erfordert. Und Disziplin ist eine Kunst, in der viele von uns ungeübt sind. Vielleicht haben wir es früher monatelang geschafft, uns zu disziplinieren, wenn es ums

Klavierlernen oder ums Fußballtraining ging, doch je älter wir wurden, um so mehr haben wir uns von den Verlockungen sofortiger Lusterfüllung einfangen lassen.

Wo liegt das Geheimnis disziplinierten Lebens? Darauf gibt es keine einfach umzusetzenden Antworten, aber ein paar sehr klare, die ich weitergeben möchte. Ein Rat ist, daß Du Dich auf die Ziele konzentrierst, die Du in Deiner Ehe gern erreichen möchtest. Male Dir diese Ziele so praktisch wie möglich aus. Sprich über sie. Schreibe sie Dir auf und memoriere sie immer wieder. Dann wirst Du im Laufe der Zeit feststellen, wie Dein Verhalten immer mehr mit dem übereinstimmt, was Du sprichst, schreibst und Dir vorstellst. Allerdings stimmt auch das Gegenteil. Wenn Du davon schreibst, redest und Dir vorstellst, wie Du es mit jedem oder jeder, mit dem oder der Du Dich verabredest, „treibst", dann wirst Du erleben, wie Dich Dein Trieb unwiderstehlich in ebendieses Verhalten hineinzwingt. Sozialwissenschaftler nennen dieses Prinzip Teleologie: das Prinzip, daß Ziele zielführendes Verhalten hervorbringen.

Ein zweiter Vorschlag: Halte Deine Gedanken soviel Du irgend kannst mit Jesus Christus und seinen Worten beschäftigt. Je näher Du bei Jesus bist, um so selbstbeherrschter wirst Du leben. Je intimer Deine Beziehung zu ihm ist, um so mehr wird es Dir darauf ankommen, ihm zu gefallen, und je weniger Zeit wirst Du auf die Befriedigung Deiner eigenen Triebe verwenden. Dazu im Neuen Testament der Apostel Jakobus: „Deshalb ordnet euch Gott unter! Leistet dem Teufel Widerstand, und er wird vor euch fliehen. Nähert euch Gott, und er wird sich euch nähern." Ich hab's für mich entdeckt: Je näher ich Gott bin, um so mehr Selbstbeherrschung und Führung schenkt er mir. Das ist wie das Prinzip von Ursache und Wirkung.

Sex in der totalen Ehe

Während Du älter wirst, werden sich Deine sexuellen Bedürfnisse und die Intensität Deines sexuellen Erlebens verändern. Aber eines bleibt: die Notwendigkeit, in den vielen verschiedenen Bereichen unseres Lebens Selbstdisziplin zu üben. Weiter oben habe ich die Tatsache erwähnt, daß Sex nur ein Zwölftel der Ehebeziehung ausmacht. Dazu hier nun noch ein wenig mehr: In der Juli-Nummer 1978 der Zeitschrift *Ebony* fanden sich mehrere Interviews mit Ehepaaren zum Thema „Sex in der Ehe". Im folgenden ein paar Antworten:

Dr. Richard Tyson und seine Frau, die gemeinsam ein Institut für Eheförderung und Sexualforschung in Columbia, Maryland, leiten, sagten: „In einer umfassenden Beziehung kann man den Sex nicht von allem anderen trennen. Im ganzen Verlauf einer Ehe ist Sex wichtig, obwohl es in den ersten Jahren nach der Heirat mehr auf die Häufigkeit anzukommen scheint. Im Laufe der Zeit aber und während ihre Beziehung reifer wird, scheint Paaren mehr an der Qualität ihrer sexuellen Gemeinschaft gelegen zu sein. Es kann sein, daß ein Paar zehnmal pro Woche miteinander schläft und die Frau das schrecklich findet, während er hochzufrieden ist. Ihr wäre vermutlich ein einziger, dafür aber wirklich guter sexueller Kontakt in der Woche lieber."

Roebuck und Oceola Staples waren zum Zeitpunkt des Interviews dreiundvierzig Jahre verheiratet. „Sex ist sehr wichtig für eine gute Ehe", sagte er, „aber keine Ehe ist nur deswegen gut, weil es im Bett gut klappt. Dafür braucht es schon etwas mehr: als erstes Verständnis und dann Respekt. Ehepartner müssen füreinander sorgen und sich wirklich lieben. Andererseits kann ich mir nicht vorstellen, wie eine Ehe halten soll, wenn die Partner sexuell nicht harmonieren. Zwischen einem Mann und einer Frau muß es knistern; in einer Ehe muß es guten Sex geben. Eine Menge junge Leute denken, Sex ist alles, worauf's in einer Ehe ankommt, aber wenn sie erst mal merken, wie der Hase läuft, entdecken sie genug anderes, was ebenso wichtig ist."

Eine andere exzellente Feststellung traf Shirley Robinson, eine Mitarbeiterin der Leitung der Evangelisch-lutherischen Kirche von Missouri in St. Louis. Sie sagte: „Grundlagen der Ehe sind Freundschaft und Liebe, und wenn Gott in deinem Leben der Erste ist, rückt alles andere an den rechten Platz. Mein Mann und ich haben ein ausgezeichnetes Sexleben, weil wir in so vielen Bereichen so nahtlos zusammenpassen. Kommunikationsschwierigkeiten wie bei so vielen Paaren kennen wir nicht. Wir können über Sex genauso frei sprechen wie über irgend etwas anderes, und das ist für uns sehr wichtig. Eine gute Ehe beruht nicht auf körperlicher Liebe und Schönheit allein. Was wäre sonst, wenn einer der Ehepartner körperbehindert würde oder aus anderen Gründen seine äußere Attraktivität einbüßte? Eine gute Ehe kann solche Stürme abwettern und immer noch schön sein."

Mit diesen Gedanken komme ich auf meinen Punkt: Die Häufigkeit unserer sexuellen Kontakte mag im Lauf der Jahre abnehmen, aber das Bedürfnis nach Qualität wird immer bleiben. Und um Qualitätssex zu haben, braucht es Liebe, Geduld und Selbstbeherrschung: Der Wunsch zu geben muß den zu nehmen übersteigen. Das Begehren mag sich vermindern, die Notwendigkeit der Selbstdisziplin niemals. Und die Fundamente eines selbstbeherrschten Lebens, auf denen Du eine sinnliche, dynamische und erfüllende sexuelle Beziehung aufbauen kannst, legst Du jetzt, während Du anfängst, Dich mit Freunden vom anderen Geschlecht zu treffen.

Auf der Suche nach den Gründen, aus denen wir so oft nicht erlangen, was Gott uns eigentlich in Sachen Liebe und Sex zugedacht hat, sind uns viele Negativposten begegnet: Abstumpfung, das willentliche Abweichen vom Plan Gottes, Ablenkungen und mangelndes Unterscheidungsvermögen, unwiderstehliche Begierde und fehlende Selbstbeherrschung. Aber laß mich Dir eines sagen: All diese Negativposten können zum Guten ausschlagen.

Als der berühmte Theologe Karl Barth einmal in Amerika sprach, fragte ihn eine Gruppe von Berufskollegen, was ihm die wichtigste theologische Entdeckung seines Lebens sei. Sie rechneten mit einer hochkomplizierten Antwort und waren um so überraschter, als Barth schlicht sagte: „Die wichtigste Wahrheit, die ich in meinem Leben gelernt habe, ist diese: Jesus liebt mich ganz gewiß, weil ich's in der Bibel les'."

Wenn es auch nur eine einzige Aussage gibt, von der ich möchte, daß Du sie nie vergißt, dann diese: Gott liebt Dich. Jesus kam auf die Erde, um das unter Beweis zu stellen und die Sünde aus dem Weg zu räumen, damit wir erführen, was Gottes größter Wunsch für uns ist: ein überfließendes und durch und durch erfülltes Leben. Er möchte, daß jeder von uns tagtäglich seine Liebe erfährt, um sich ihrer zu erfreuen und sie anderen weiterzugeben. Und er möchte, daß unser Leben auf dem Weg zur Reife gelangt, den er sich von Anfang an für uns gedacht hat. Wenn er uns seine Lebensregeln mitgeteilt hat, dann um uns zu beschützen und damit es uns gut geht.

Ja, er geht so weit, daß er sich auch um unser Versagen kümmert, wenn wir es ihm denn bekennen und seine Vergebung annehmen. Durch eine persönliche Beziehung zu Jesus Christus werden wir verwandelt. Unser Denken wird erneuert. Wir erfahren Veränderung. Wer Jesus kennt, muß nicht länger stumpf, widerborstig, abgelenkt oder disziplinlos sein. Wir sind frei gemacht, um zu lieben, zu dienen und ein unvergleichliches Leben zu führen, ob nun im Schlafzimmer oder irgendeinem anderen Raum unseres Lebens.

Das ist das Geheimnis der Liebe. Ein anderes gibt es nicht.

Geh daran nicht vorbei. Ich bitte Dich: Ergreife es!